LES NOCES CHYMIQUES
DE
CHRISTIAN ROSENCREUTZ

UNICURSAL

Copyright © 2018

Éditions Unicursal Publishers
www.unicursalpub.com

ISBN 978-2-924859-83-4

Première Édition, Lughnasadh 2018

LES NOCES CHYMIQUES

DE

CHRISTIAN ROSENCREUTZ

PAR

JEAN-VALENTIN ANDREAE

TRADUIT POUR LA PREMIÈRE FOIS DE L'ALLEMAND

PRÉCÉDÉ D'UN AVANT PROPOS ET SUIVI DE

COMMENTAIRES ALCHIMIQUES
PAR AURIGER

Notice bio-bibliographique par Paul Chacornac.

ORNÉ D'UN PORTRAIT DE L'AUTEUR

PARIS

1928

UNICURSAL

JEAN VALENTIN ANDREAE

(1586-1654)

AVANT-PROPOS

La puissance de l'homme est plus grande
qu'on ne saurait l'imaginer. Il peut tout
par Dieu, rien sans Lui, excepté le mal.

PERNETY
(Fables Égyptiennes et Grecques)

— *Si « Peau d'Âne m'était conté, j'y prendrais un plaisir
extrême ». C'est bien, en effet, un plaisir de cette nature que
j'éprouvais à la première lecture du manuscrit des « Noces
Chymiques » que m'avait obligeamment communiqué mon ami
Paul Chacornac. À l'habile fiction s'ajoute l'humour, et la seule
version considérée comme conte fantastique suffit à retenir l'attention.*

*On conçoit sans peine que l'œuvre de Valentin Andréae ait
donné lieu à de passionnées controverses car d'une première lecture superficielle on ne garde que l'impression d'une malicieuse
moquerie à l'adresse des nombreux alchimistes de son époque,
d'un « Lubridium » visiblement écrit dans le but d'égarer les
chercheurs d'or; mais en relisant avec attention, on découvre
aisément plusieurs broderies sur une même trame. Ceci me re-*

met en l'esprit les images superposées imprimées en, vert et en rouge que l'on trouvait autrefois dans les boîtes de jouets, et dont les dessins incohérents à première vue, révélaient à l'oeil des curieux deux scènes de nature totalement différente suivant que l'on appliquait dessus une feuille de gélatine colorée en vert ou en rouge. Je crois qu'il faudrait appliquer à la lecture des « Noces Chymiques » ce système d'écrans colorés, pour distinguer non point deux, mais trois ouvrages dans le même texte : Un conte allégorique, un traité sur l'Initiation des Frères de la Rose-Croix, un traité d'alchimie dont le sens est d'autant moins apparent qu'il est embrouillé dans les deux précédents, et que sans doute volontairement, pour le rendre plus inextricable, l'ordre des opérations est quelconque.

On a prétendu que V. Andréae écrivit les « Noces Chymiques » sous l'anonymat à l'âge de seize ans, et qu'il en reconnut plus tard la paternité dans son « Vita ab ipso conscripta ». Cela me paraît fort improbable car il écrivait en tête de l'édition d'alors « Ne jetez pas de perles aux pourceaux ni de roses aux ânes ». Il serait pour le moins singulier, qu'un adolescent de seize ans fut ainsi familiarisé, avec un adage courant parmi les vieux Maîtres de l'Hermétisme. Il s'étonne dans son autobiographie que des gens sérieux aient pu considérer comme une histoire vraie ce qu'il appelait un jeu. S'il y avait vraiment là qu'une satire spirituelle, pourquoi y mélanger des remarques très profondes, et des passages d'une haute philosophie ? Un des meilleurs auteurs de notre époque, Georges Courteline, nous a habitués à ce genre de douche écossaise, en nous mettant à même de deviner le sens profond de la vie, sous le masque de la gaieté. Je ne crois pas qu'Andréae

puisse être considéré comme son précurseur; peut-être regretta-
t-il plutôt d'avoir été trop prolixe, et a-t-il cherché plus tard à
égarer le lecteur sur l'importance d'un ouvrage où il avait très
habilement condensé les suprêmes enseignements de son Ordre.
Fr. Wittemans a consacré à Valentin Andréae et son œuvre,
une monographie dans son « Histoire des Rose-Croix ». J'ai tout
lieu de suspecter la parité de ses sources de documentation, car le
lecteur possédant cet ouvrage pourra en confronter le texte avec le
« curriculum vitae » écrit par Paul Chacornac en tête des « Noces
Chymiques ». Il était nécessaire de souligner que la Fama et la
Reformatio ne sont point l'œuvre de Valentin Andréae mais qu'il
les publia « par ordre ».

Ces « Noces Chymiques » devaient constituer le bagage in-
dispensable de connaissances hermétiques pour les adeptes devant
recevoir la suprême initiation. Voilà pourquoi cet ouvrage si dis-
cuté autrefois, et dont la diffusion fut systématiquement empê-
chée, est si peu connu de nos jours.

Notons en passant, que la Loge de la Franc-Maçonnerie
Universelle à Hilversum porte toujours le nom de Christian
Rosencreutz, et que la Soeur A. Kerdyk donna en 1912 une tra-
duction néerlandaise de la « Fama », de la « Confessio » et de
« Chymische Hochzeit », sous le titre : « Mysterien van het Roze-
Kruiz ».

Christian Rosencreutz reçoit au cours de ses épreuves l'Ordre
de la Toison d'Or, lequel fut fondé en 1430 par Philippe de
Bourgogne. Cet ordre lui est conféré suivant l'auteur en 1459
ainsi que le grade de Chevalier de la Pierre d'Or. Je crois qu'il
serait superflu de chercher à ces distinctions un sens autre que

celui de l'acquisition de la sagesse divine et de la connaissance des arcanes de l'Art Sacré donnés en récompense à la persévérance et à, l'humilité de l'adepte. La toison d'Or qui lui est conférée est la même qu'alla chercher Jason en Colchide avec les Argonautes!

Nombreux sont ceux qui ont essayé, disons bien vite, en vain, de donner une explication complète des différentes cérémonies, représentations et épreuves que traverse pendant sept jours Chr. Rosencreutz pour atteindre les grades dont nous venons de parler. Parmi les contemporains de Valentin Andréae qui cherchèrent un sens profond aux « Noces Chymiques », nous devons citer entre autres Broettoffer (Elucidarius Majus. 1616) qui chercha dans les sept jours des Noces des analogies avec sept phases de la préparation de la Pierre Philosophale : Distillation. — Solution. — Putréfaction. — Noirceur. — Blancheur. — Rougeur, multiplication et fermentation. — Projection et Médecine.

Avec beaucoup de bonne volonté, peut-être peut-on l'entendre ainsi, mais le lecteur, même pourvu de connaissances avancées en Alchimie se mettra l'esprit à la torture pour faire entrer ces sept phases de l'Œuvre dans le cadre du Texte. Je préfère pour ma part, suivre directement le récit en soulignant les faits saillants ayant un rapport direct avec l'Art Sacerdotal, en tâchant de grouper ensuite les indications obtenues.

Me réservant de commenter cet ouvrage au point de vue strictement alchimique, il me paraît bon d'exposer préalablement au lecteur comment j'entends, à ma manière, la façon de lire les textes des Auteurs ayant traité du Grand Œuvre. Ainsi que l'écrivait mon regretté Maître : « On n'entre point au débotté dans le Palais fermé du Roy », faisant allusion à l'ouvrage de

Philalèthe. Les tribulations de Christian Rosencreutz en sont la preuve, et notre héros doit franchir de nombreuses portes, subir de multiples épreuves avant d'arriver au triomphe définitif.

Si quelque Lecteur compte trouver dans mes commentaires la Clef détaillée du Grand Œuvre, je le préviens charitablement de ne pas lire plus avant. Pour le même motif que mes prédécesseurs je n'en dirai pas plus long qu'eux, et tous les hommes de bon sens approuveront ma réserve. Je chercherai seulement à mettre entre les mains de l'inquisiteur de science le fil d'Ariane qui l'aidera à sortir du « tortueux » labyrinthe, et si Dieu, aidant, il puise dans ces lignes quelques connaissances nouvelles susceptibles d'aplanir pour lui la « Route sur laquelle on ne revient jamais », je m'estimerai largement récompensé.

Il est bon de rappeler ici ce qu'écrit Limojeon de Saint-Didier dans son a Triomphe Hermétique » :

« Souvenez-vous, enfants de la Science, que la connaissance de notre magistère vient plutôt de l'inspiration du Ciel que des lumières que nous pouvons conquérir par nous-mêmes. Cette vérité est reconnue de tous les Philosophes : c'est pourquoi ce n'est pas assez de travailler ; priez assidûment, lisez les bons livres ; et méditez nuit et jour sur les opérations de la Nature et sur ce qu'elle peut être capable de faire, lorsqu'elle est aidée par le secours de notre Art, et par ce moyen vous réussirez sans doute dans votre entreprise ».

Tout cela se trouve condensé dans l'adage bien connu des Hermétistes : « LEGE, LEGE, RELEGE, ORA, LABORA, ET INVENIES ». Lis, Lis, Relis, Prie, Travaille, et tu Trouveras.

Lorsque l'on désire lire un chef-d'œuvre dans la langue où il fat écrit, il est de première nécessité d'apprendre la langue dont s'est servi l'auteur, et de la posséder parfaitement pour saisir avec fruit toutes les nuances du texte. Il en est de la littérature alchimique comme des autres, et sans la parfaite connaissance de la terminologie qui lui est spéciale, on risque d'errer longtemps sinon toujours dans la lecture de Traités hermétiques, même écrits en français. Le mieux, quand on le peut, est de lire dans l'original car là plus qu'ailleurs « Traduttore, tradittore », le traducteur est, inconsciemment sans doute, mais presque toujours, un traître.

En effet, un mot oublié, un contresens, une interprétation erronée ou fantaisiste peuvent entraîner le fils curieux de Science à des pertes de temps excessives et à des dépenses qu'il eût pu facilement éviter. Nous n'avons plus ici la ressource du dictionnaire, qui, avec du bon sens permet de pénétrer ce qui semble incohérent. En Alchimie, tout semble incohérent au débutant, car il trouve mille mots pour désigner une même matière, et aucun d'eux d'ailleurs ne la désigne clairement. Force lui est de se créer un lexique des symboles selon ce qu'il croit comprendre, et il ne peut le faire qu'en dépouillant de nombreux textes, parmi lesquels il fait de lui-même une discrimination, pour ne conserver que les meilleurs, et travailler suivant le sens qu'il leur donne. Pour bien comprendre les textes il est essentiel de bien s'imprégner des conceptions spéciales aux alchimistes sur la constitution de notre Univers et celle des éléments. J'ajoute qu'il n'est pas superflu d'avoir des connaissances suffisamment étendues en stéganographie, mais les curieux trouveront sans peine le sens caché des tex-

tes donnés dans les « Noces Chymiques » en travaillant Paracelse, Henri Corneille-Agrippa et Blaise de Vigenère.

Que l'inquisiteur de science se garde surtout de commencer à travailler sans avoir lu; c'est un écueil sur lequel j'ai sombré moi-même; qu'il abandonne délibérément les théories des caco-chymistes modernes quelles que soient les étiquettes dont elles sont parées. Qu'il laisse de côté les produits « chimiquement purs » de chez Merck, Poulenc, et autres fournisseurs d'appareillage moderne « ejuadem farinae ». Il faut se réfugier dans le Passé, dans la lecture de « ceux qui ont su ». Alors tout s'éclaire, et l'adepte saura trouver à l'heure voulue les matériaux nécessaires pour construire la Maison du Poulet, et la suite des opérations viendra à son esprit sans qu'il la cherche. Sans quoi, il se donnera à lui-même l'illusion d'être alchimiste, croyant la donner aussi aux autres, et il ne retirera de ses travaux illusoires que perte de temps, d'argent, et amère déception. Il conclura alors que l'alchimie n'est que billevesée extravagante et passe-temps de fous. Il vaut mieux pour celui-là abandonner de suite, car il ne verra jamais plus clair que l'Orfraie de Khunrath malgré les besicles et les torches.

Est-il utile de dire ici pourquoi les auteurs de Traités d'Alchimie se sont appliqués à rendre leurs textes à peu près inintelligibles? Je ne crois pas pour ma part que ce soit la crainte du Gibet doré ou du bûcher des Sorciers, car les vrais alchimistes errant sans cesse par le monde et changeant souvent de nom, quittaient la ville qu'ils habitaient dès qu'ils avaient accompli une transmutation, en ne négligeant aucune précaution pour rester inconnus! L'obscurité voulue de leur style, et la complexité des pièges qu'ils tendent au lecteur ont pour but de décourager rapidement les curieux dont la bonne volonté et la persévérance ne peuvent aller jusqu'au bout. Ils ont écrit uniquement pour ceux capables de les comprendre. La lecture de la « Tourbe des Philosophes » n'est-elle point décevante pour celui qui cherche la voie, et cependant quels précieux enseignements ne renferme-t-elle pas ?

Si quelques philosophes, comme Denis Zachaire, Bernard le Trévisan, Philalèthe, par exemple, ont condensé leur enseignement en des traités écrits, d'autres tels que Basile Valentin y ont associé l'image dont le sens complète celui du texte. Certains, trouvant qu'écrire était déjà trop dire se sont limités à l'image allégorique et énigmatique, tels sont par exemple les Tables de Senior, les peintures allégoriques du Rosaire, celles d'Abraham Juif rapportées par Nicolas Flamel, les Figures de Michel Maier, Le Mutus Liber, le livre des 22 feuillets hermétiques, etc. D'autres auteurs furent plus discrets encore et demandèrent à l'Architecture le moyen de révéler les arcanes de l'Hermétisme à ceux-là seuls qui les sauraient comprendre. Les sculptures de nos grandes Cathédrales sont riches en trésors inexplorés. Je cite pour Paris seulement, parmi les plus connues : Le Portail Saint-Marcel de Notre-Dame de Paris, certaines sculptures de la Tour Saint Jacques, celles de la Maison du Grand Pignon, rue de Montmorency, ayant appartenue jadis à Nicolas Flamel, sans oublier dans un ordre différent d'idées, les vitraux de la Sainte Chapelle.

Que les figures s'inspirent de la Mystique chrétienne ou de la mythologie grecque ou égyptienne, le sens en reste rigoureusement le même. Je rappelle pour exemple : Jacob terrassant l'Ange, un

Lion surmontant un aigle, Saturne coupant de sa faux les ailes de Mercure, tout cela en dépit de la diversité des apparences ne signifie qu'une seule et même chose : le volatil rendu fixe ! L'art de déchiffrer ces énigmes tant littéraires qu'iconographiques, constitue une véritable gymnastique du cerveau et l'on arrive plus ou moins vite à l'assouplir suffisamment pour se créer la conviction que l'on connaît tout de la Théorie du Grand Œuvre ; delà à passer à l'exécution, il n'y a qu'un pas. C'est précisément celui-là qu'on ne peut que bien rarement franchir. Je ne saurais mieux faire ici que citer un passage d'une lettre que m'écrivait mon regretté Maître :

— « Le Philosophe prédestiné est voué aux plus grandes épreuves, car le Magistère exige l'homme tout entier ; l'Alchimie n'est pas un art d'amateur ou de dilettante, mais Dieu soutient toujours dans la lutte celui qui ne se recherche pas lui-même, mais la Science dégagée de tout intérêt humain ».

J'aurais beaucoup à dire encore sur la façon de lire et d'interpréter les textes alchimiques, mais en y joignant les exemples à citer, cela prendrait facilement les proportions d'un petit volume. Peut-être l'écrirai-je plus tard, mais maintenant que voilà le lecteur prévenu, je préfère aborder de suite le sujet qui nous intéresse.

Toutefois, je termine cet avant-propos par un dernier conseil, dont quelques-uns me seront peut-être reconnaissants dans la suite. Le Président d'Espagnet écrit dans son neuvième canon de « L'Arcanum Hermeticae Philosophiae Opus » : « Que le lecteur tienne pour suspect ce qui lui paraît particulièrement facile à comprendre, notamment dans les noms mystérieux des choses et dans le secret des opérations. La vérité est cachet sous un voile très obscur. Les Philosophes ne disent jamais plus vrai que lorsqu'ils parlent obscurément. Il y a toujours de l'artifice et une espèce de supercherie dans les endroits où ils semblent parler avec le plus d'ingénuité ».

C'est, en effet, une règle absolue.

AURIGER.

JEAN-VALENTIN ANDREAE

Tous les auteurs qui se sont spécialisés dans l'étude des écrits Rosicruciens sont d'accord pour attribuer à Jean-Valentin Andréae la paternité des « *Noces Chymiques* » et à le considérer comme un missionné de l'Ordre des Rose-Croix.

Jean-Valentin Andréae fut un des hommes les plus savants de son temps par ses connaissances profondes dans tous les domaines de la Science, exotérique et ésotérique.

L'auteur des « *Noces Chymiques* » est né le 17 août 1586, à Herrenberg, dans le duché de Wurtenberg.

La famille d'Andréae [1] a laissé un souvenir durable en Allemagne : son oncle, Jacques est connu sous le nom du *second Luther*. [2]

---

1   Les armes de la famille d'Andréae contiennent une croix de Saint-André et quatre roses.

2   WETZER et WELTE. *Dictionnaire encyclopédique de Théologie catholique*. Trad. de l'all, par J. GOSCHLER. Paris, Gaume, 1864, 25 vol. in-8. T. I, page 303.

Son père Jean-Valentin, le septième des dix-huit enfants du chancelier Jacob Andréae[3], était surintendant de Herrenberg. Sa mère, Maria Moser fut une femme de grande piété, que son fils compare à Sainte Monique.

V. Andréae venait d'atteindre cinq ans quand son père fut nommé abbé de Königsbronn. C'est dans ce couvent qu'il reçut sa première éducation. Vivant dans un milieu intellectuel, il se fit remarquer par une sensibilité extrême et une grande douceur; la vivacité de son esprit était un sujet d'étonnement pour son entourage. Si bien que parmi les amis de son père, Marc Beumler s'intéressa à lui et éveilla dans son jeune esprit le goût pour les sciences et les arts; il apprit en même temps quelques langues.[4]

Après la mort de son père, en 1601, sa mère alla demeurer à Tubingue avec six de ses frères et soeurs.

Tubingue était à cette époque une université célèbre.[5] Durant six années, V. Andréae y travailla avec passion, afin d'étendre ses connaissances, consacrant le jour aux sciences, la nuit aux lettres. S'il lut passionnément les auteurs anciens, il ne négligea pas les latinistes modernes y de même, les mathématiques et le droit eurent le don de l'intéresser. Le savant mathématicien, Maestlin, le maître de Kepler, fut aussi le

---

3   Le théologien Jacob Andréae est l'auteur d'un pamphlet contre les Calvinistes: *Kurtze Antwort auff Joh. Sturmij buch Antipappus Quartus genant.* Tubingue, G. Gruppenbach, 1581, in-4, 36 pp.

4   BEUMLER (Marc) Philologue suisse... mort en 1611.

5   L'université de Tubingue fut fondée en 1477.

sien[6], et l'avocat Christophe Besold, son professeur de droit, devint son ami.[7]

Quoique préférant la solitude, il était néanmoins d'un caractère enjoué et charmait par son entrain lorsqu'il voulait quitter un instant ses travaux.

Bien qu'aidé pécuniairement par quelques amis de sa famille, il dut, pour payer ses inscriptions et faire vivre sa mère, donner des leçons à ses condisciples.

En 1603, il devint *Baccalaurens*. Il avait dix-sept ans. Ses débuts dans la carrière littéraire datent de cette époque. Il écrivit deux pièces de théâtre, *Esther* et *Hyacinthe* en s'inspirant d'auteurs anglais.

L'année 1605 le vit *Magister*. Peu après, il commença ses études théologiques et prêcha plusieurs fois.

Cependant le manque de sommeil et un affaiblissement de la vue provoqué par son acharnement au travail, aboutirent à un surmenage intellectuel, qui affaiblit sa mémoire.

À la suite d'une folle équipée, entraîné par ses camarades, il se vit obligé d'interrompre sa carrière, ce qui lui fit perdre ses bénéfices et la perspective d'entrer dans la hiérarchie ecclésiastique; il dut même quitter momentanément le Wurtemberg.

6   MAESTLIN mourut à Heidelberg en 1650.

7   BESOLD (Chr.), savant jurisconsulte, né à Tubingue en 1577, est mort a Ingelstadt en 1638, après avoir abjuré la religion protestante. Les œuvres de Besold sont remarquables. Citons: *Considération politique sur la vie et la mort* (1623), *Histoire de la ville et du royaume de Jérusalem* (1636), et *Synthèse des faits et gestes du Monde occulte*, œuvre posthume publiée en 1689.

La conséquence fut, qu'à partir de 1607 jusqu'en 1614, il est contraint à une vie errante, dans l'espoir de retrouver, en voyageant, la santé du corps et la paix de l'âme.

Alors commença pour lui une série de tribulations qui, loin de le décourager, lui apprirent bien des choses qu'il n'eut pas connues, s'il était demeuré simple *Magister* à Tubingue.

Sa première étape fut Strasbourg; elle est de courte durée. Revenu à Tubingue, il se vit refuser par l'électeur Jean-Frédéric, la réintégration dans son ancien poste. Renonçant alors à la carrière ecclésiastique, et aux études théologiques, il se fit instituteur.

À Lauingen[8], sa deuxième étape, il resta peu de temps, ayant rencontré une société semblable à celle à qui il devait tous ses malheurs. Il vint ensuite à Dillingen[9], où il se lia avec des Jésuites.

De retour à Tubingue, il devint, durant les années 1608 à 1610, précepteur de jeunes gentilshommes allemands, les fils Truchsess. On lui doit vers cette époque, quelques écrits pédagogiques. Durant ses loisirs, il apprit à jouer du luth et de la guitare, et fréquente les ouvriers des différentes professions, surtout les horlogers. Enfin, encouragé par les amis de sa famille, il reprit goût aux études théologiques.

---

8   Lauingen, ville forte de Souabe, près du Danube, est le lieu de naissance du savant dominicain et alchimiste Albert le Grand (1193).

9   Dillingen est situé non loin de Lauingen, sur la même rive du Danube.

L'année 1610 marque une époque décisive dans la vie d'Andréae. Repris par la nostalgie des voyages, il part pour la Suisse. Après avoir visité Zurich et Bâle, en artiste, il séjourna à Genève pour y étudier. Tout de suite, il se lia avec le prédicateur Jean Scaron. Dans ce milieu nouveau pour lui, il fut surpris et charmé de voir que les théologiens les plus considérés n'attachaient qu'une importance secondaire aux différences dogmatiques qui divisaient les théologiens allemands. Quoiqu'il soit luthérien, il est attiré vers eux et cette disposition morale influera dorénavant sur sa vie. Un séjour en France le confirma dans cet état d'esprit.

Retourné à Tubingue, il entra comme précepteur chez Mathieu Hasenresser, célèbre professeur de théologie, lequel eut beaucoup d'empire sur lui. Il publia même, plus tard, un abrégé de la doctrine dogmatique de son maître.[10]

Cependant l'humeur instable de V. Andréae n'était pas satisfaite. Son ami Ch. Besold lui ayant appris l'italien, il résolut de se rendre au pays des Doges. Il traverse l'Autriche, séjourne quelques temps à Venise, puis à Rome.

Revenu en Allemagne, dans le Wurtemberg, il reçoit un meilleur accueil du duc Jean-Frédéric qui, peut-être, aurait mieux aimé lui donner un emploi séculier qu'une charge ecclésiastique. Le duc lui décerna le grade de Commensal au couvent de Tubingue et créa spécialement pour lui un cours de théologie. Toutefois pour subvenir à ses besoins, il donne

---

10   Summa doctrinæ Christianæ (1614).

quelques leçons particulières, mais accroît aussi ses relations et le nombre de ses amis. [11]

Nommé *Diaconus* à Vaihingen (Wurtemberg), au printemps de 1614, il se marie le 2 août de la même année avec Élisabeth Grüninger. Cette longue période d'incertitude et de préparation venait de prendre fin.

Une nouvelle vie commença pour lui.

Au cours de ses voyages, en Allemagne, en Suisse, en France, en Autriche et en Italie, il fut à même de rencontrer des Adeptes de la Fraternité mystérieuse des Rose-Croix. [12]

S'il existe encore quelques doutes sur la véritable histoire de la Fraternité, son existence est maintenant prouvée. Elle nous a laissé de sa réalité les mêmes preuves que toutes les sectes religieuses, philosophiques et politiques.

Quel fut l'Initié qui jugeant V. Andréae apte à devenir le porte parole des Rosicruciens, lui donna les moyens de se faire reconnaître d'eux? nul ne le sait. Il est certain qu'il lui fut ordonné de rompre le silence qui, jusqu'alors, enveloppait la Fraternité, et à participer à l'accomplissement du *Magnum opus.*

Le premier manifeste qu'il publia, en décembre 1614, sous le titre: *Gloire de la Fraternité et Confession des Frères de*

---

11   V. Andréae fit taire de grands progrès à l'instruction publique dans le Wurtemberg.

12   Signalons que V. Andréae fit partie du Chapitre Rosicrucien de Cassel, et du *Palmbaum* (le Palmier), société secrète de Weimar.

la Rose-Croix[13], est l'exposé de la Réforme générale de l'Humanité que préconisaient les Initiés Rosicruciens. Il contient le récit allégorique de la vie de Christian Rosencreutz, et de la découverte de son tombeau, allégorie sous laquelle on présente les desseins et les bons effets de la Fraternité mystérieuse. Le second manifeste : *Réformation du vaste Monde tout entier*[14] parut quelques jours après. Il renferme le projet de la Réforme, au point de vue moral, politique, scientifique et re-

---

13 *Fama Fraternitatis et Confessio Fratrum Rosæ-Crucis.* Ratisbonne, 1614, in-4. D'après V. Andréae, cet écrit aurait été rédigé par trente théosophes anonymes réunis dans le Wurtemberg par les soins de Christoph HIRSCH, dit *Joseph Stellatus,* prédicateur à Eisleben à qui V. Andréae avait manifesté ses désirs. Ch. Hirsch est l'auteur de : *Le Pégase du Firmament, ou brève introduction à la vraie sagesse.* S. L. 1618, in-12. Cependant d'après Herder, la *Fama* était connu en manuscrit dès 1610. D'autre part J. Sperber dit que cet écrit circulait 19 ans avant sa parution et Kazauer prétend qu'il existait en 1570. Ajoutons que Michaud avance que l'auteur de la Fama serait J. Jung, célèbre philosophe allemand. La première édition française, anonyme, fut éditée à Francfort, chez Jean Bringer, en 1615, in-12. Une nouvelle traduction de *La Fama* faite par B. Çoro, parut en 1921.

14 La première édition de : *Reformation des gantzen weiten Welt* fut publiée sans indication de lieu. La deuxième édition, in-8, parut peu après à Cassel, chez Wilhelm Wessel, augmentée de la traduction allemande de la *Fama* et d'une courte réponse de M. Haselmeyer. D'après Gardner, la thèse de la Réformation serait empruntée à l'alinéa 77 de la première partie de l'ouvrage de Trajano BOCCALINI : *Nouvelle du Parnasse.* Trois Centuries. Venise, 1612, in-4. Ce dernier ouvrage fut traduit en allemand par Chr. Besold, ami de V. Andréae, en 1617. La première traduction française de la *Reformatio,* anonyme, est de 1614 (S. L.) in-12.

ligieux. Ce projet était adressé à tous les savants et souverains de l'Europe.

L'apparition de ces deux manifestes causa une impression immense sur tous les esprits, et on les traduisit simultanément en plusieurs langues. Puis un grand nombre d'ouvrages parurent, les uns pour défendre, les autres pour attaquer les Rose-Croix.

Cependant V. Andréae continuait la mission que lui avait confié les Frères de la Rose-Croix.

À cette époque, l'Allemagne était inondée par un grand nombre d'imposteurs et d'aventuriers, soi-disant alchimistes ou « souffleurs ».

C'est pourquoi V. Andréae, dans l'intention de ridiculiser, non seulement « ces faiseurs d'or », mais aussi les travers du moment, soit en science, en théologie, et même l'état des moeurs de son temps, écrivit *Les Noces Chymiques de Christian Rosencreutz.*[15] On a prétendu que cet ouvrage aurait été rédigé par l'auteur à l'âge de 15 ans. Lui-même l'écrit dans son autobiographie.[16] Nous pensons qu'il faut lire 15 ans après son initiation. S'il qualifie son œuvre de futile, il ajoute « Elle a été pour certains un objet d'estime et une « occasion de recherches subtiles ». Cette phrase montre combien V. Andréae

---

15   *Chymische Hochzeit: Christiani Rosencreutz, anno* 1459. Strasbourg, L. Zetzner, 1616, in-8. L'édition originale fut suivie de trois autres éditions dans la même année. La première traduction anglaise parue en 1690.

16   J. V. ANDRÉAE. *Vita ab ipso conscripta, ex autographo primum édita à F. B.* RHEINWALD. Berlin, 1849, in-8.

attachait peu d'importance aux dires de ses contemporains, sachant très bien la valeur de son œuvre. *Les Noces Chymiques* furent écrites par un artiste préparé et non par un étudiant. Pour ceux qui sont au courant des allégories hermétiques, cette importante publication contient des allusions d'une signification grave et occulte. Ils reconnaîtront que les incidents comiques font partie d'un plan sérieux, et que l'ensemble de l'ouvrage est en concordance avec les traditions générales de l'Alchimie.

Les prétendants à ces *Noces Chymiques* au nombre de neuf, passent avant d'être reçus candidats par des épreuves semblables à celles des anciennes initiations. Déclarés Chevaliers, chacun des neuf portent une bannière avec une croix rouge, indication qui n'échappera pas aux personnes averties.

Les vues morales et politiques de cette œuvre ne furent pas comprises. Indigné du mépris de ses semblables pour les idées qu'il préconisait et en butte à de cruelles persécutions, V. Andréae fonda alors un groupement religieux sous le vocable de : *Fraternité Chrétienne,* en donnant à entendre dans plusieurs endroits de ses écrits qu'il se séparait de la Fraternité Rosicrucienne. [17]

17   Une comparaison bien curieuse s'impose. Ne croirait-on pas qu'au lieu et place de V. Andréa le mystique Sédir, qui comme le lui se *sépara* de ses Frères pour fonder les *Amitiés spirituelles.* Autre détail : le principal personnage des *Lettres Magiques* et *d'Initiations,* œuvres de Sédir, s'appelle Andréas. Ajoutons que Sédir tout comme son aîné, ne *renia* jamais ses premières études.

Ce groupement avait pour objet de séparer la théologie chrétienne de toutes les controverses que le temps y avait introduites, et d'arriver ainsi à un système religieux plus simple et mieux épuré.

Esprit noble, anxieux de faire le bien, V. Andréae ne pouvait être qu'un véritable mystique. Il employa toutes ses forces à ramener ses contemporains dans la voie du Christ, selon la Bible. Il visait au christianisme pratique par la prédication de l'amour fraternel et de l'union.

Il faisait partie des théologiens mystiques dont Jean Arndt était le chef. On sait que ce dernier avait commencé la réaction contre la Réforme en cherchant à ranimer la vie religieuse.[18]

C'est alors que V. Andreae, loin des soucis et des agitations du dehors, dans le calme et le recueillement fit paraître,

---

18   Jean Arndt naquit à Ballenstadt, dans le duché d'Anhalt, en 1555, et mourut à Zell en 1621. D'abord étudiant en médecine, puis théologien. Persécuté pour ses doctrines qu'il avait puisé chez les mystiques catholiques, il se retira à Eisleben, où Georges, duc de Lunebourg, lui donna en 1611, la surintendance des églises de son duché. Son principal ouvrage : *Du vrai Christianisme* fut traduit en latin, Londres 1708, 2 vol. in-8 et en français par Samuel de Beauval, Amsterdam, 1723, in-8. On dit que L. Cl. de saint Martin puisa dans cette œuvre la substance de ses sublimes méditations. J. Arndt fut aussi un alchimiste (voir sa lettre dans le tome III de l'ouvrage de Christian Hoburg : *Theologia Mystica*, Francfort, 1656, et son explication de l'Amphithéâtre de l'Eternel Sapience, dans *De Igné Magorum*, de H. KHUNRATH, Leipzig, 1783). Enfin Arndt était au mieux avec Chr. Hirsch, l'ami de V. Andreae, et tous deux demeuraient à Eisleben (Saxe).

de 1616 à 1619, nombre d'ouvrages, soit sous son nom, soit sous un pseudonyme.

Sous le pseudonyme de ANDRÉA DE VALENTIA, il donna : *Le Tourbillon ou, l'esprit divaguant péniblement et vainement à travers tous les sujets,* comédie satirique dans laquelle il raille la mêlée confuse des savants de l'époque.[19] Sous celui de FLORENTIUS DE VALENTIA, c'est *l'Invitation à la Fraternité du Christ* [appelée] *la Rose fleurie.*[20] Il engage ses amis à travailler dans l'union, à la pratique d'une vie chrétienne, à mener une existence plus simple, renoncer au luxe et au plaisir, à pratiquer l'amour fraternel et la prière en commun.[21]

V. Andreae publia sous son nom : *Menippe, miroir des vanités de nos contemporains.*[22] Cette satire vise le défaut de toutes les conditions sociales. Elle se compose de cent dialogues écrits avec une vivacité, un esprit digne des colloques d'Érasme.

Il édita ensuite la *Mythologie Chrétienne*[23], ouvrage réunissant les mêmes qualités que le Menippe.

---

19   *Turbo, sive moleste et frustra, per cuncta divagans ingenium.* Helicone, justa Parnassum, 1616, in-12.

20   *Invitatio ad Fraternitatem Christi Rosa Florescens* Argentorati, 1617, in-18.

21   Une seconde partie de *l'Invitatio* parue en 1618.

22   *Menippus, sive dialogorum satyricor, Centuria inanitatem nostratium Speculum.* Helicone, Juxta Parnassum 1617, in-12.

23   *Mythologise Christianæ, sive virtutum et vitioram vitæ humanæ imaginum.* Libri III. Argentorati, Zetzner, 1618, in-4.

Le ton sincère de cet ouvrage déplut à beaucoup de contemporains de l'auteur ; quelques-uns l'outragèrent grossièrement, par contre, d'autres tel que Jean Gerhard, professeur de théologie à Tubingue y applaudirent.

Citons encore parmi ses nombreux écrits sur la mystique : *Le Citoyen Chrétien*[24] et *Plan d'une Communauté chrétienne*[25] ; ce plan dédié à J. Arndt est inspiré de l'*Utopie* de Thomas More. Ce dernier ouvrage fut suivi de la *Description de la République Christianopolitaine.*[26]

Enfin sous le titre de : *Loisirs Spirituels,* il traduisit en vers allemand un choix de poésies de Campanella.[27]

De nombreuses sociétés inspirées par les œuvres de V. Andréae se formèrent.[28] Le clergé catholique, de même que le clergé protestant, devant ce succès, le firent avertir d'avoir à cesser ses publications et à les désavouer.

Il employa alors un subterfuge. Voulant faire croire à tous que ce qu'il avait écrit était inexistant, il publia : *La Tour de Babel, ou chaos des jugements portés sur la Fraternité de la Rose-Croix;* composé de 24 dialogues, cet ouvrage contient tous

---

24   *Civis Christianus,* 1619.

25   *Christianopolis,* 1619.

26   *Reipublicæ Christianopolitanæ descriptio.* Argentorati, Zetzner, 1619 in-1.

27   *Geistliche Kurzweil.* Strasbourg, 1619. Ces poésies sont tirées d'un recueil édité par Tobias Adami, imprimeur, lequel connu Campanella quand celui-ci était prisonnier à Naples.

28   Ces sociétés persistèrent après la mort de V. Andréae.

les jugements faux ou vrais, ou suppositions, qui ont paru jusqu'en 1619 sur la Fraternité. [29]

Aussitôt après la publication de ce dernier ouvrage, afin d'assurer sa tranquillité et d'éloigner ses persécuteurs, il partit pour Kalw (Wurtemberg), où il venait d'être nommé surintendant, fin 1620.

Les premières années de son séjour à Kalw furent relativement calmes. V. Andréae y déploya une grande activité; aidé par sa mère il créa une sorte de société d'entraide pour laquelle il se procura des subsides importants destinés à secourir des ouvriers, des étudiants, des pauvres et des malades (Fürberstif, Fondation des Teinturiers). [30]

Cependant l'orage grondait. On était à la troisième période de la guerre de Trente ans. Les succès des Suédois, privés de leur roi et chef, Gustave-Adolphe, tué à Lutzen (1632) commençaient à pâlir; les armées impériales sous la conduite de Jean de Werth, attaquèrent l'armée suédoise à Nordlingen (1634), la défirent et sûres de l'impunité, ravagèrent le Wurtemberg. La ville de Kalw fut incendiée et livrée au pillage. La maison de V. Andréae fut complètement détruite. Tout ce qu'il possédait, bibliothèque, richesses artistiques, fut anéanti.

Il ne perdit aucunement courage. Et devant l'adversité, ne pensant guère à lui-même, il fit appel à la générosité des

---

29   *Turis Babel, sive, Judiciorum de Fraternitat Rosaceæ Crucis Chaos,* Argentorati. Zetzner, 1619. in-8.

30   SCHWAB (Gust.). *Piper Jahrbuch* pour 1851, p. 220 et suiv.

seigneurs voisins. Bientôt les sommes affluèrent pour le grand bien des malades et des habitants ruinés. En 1638, Kalw fut de nouveau dévastée, et V. Andréae dut s'enfuir.

Dans son infortune, les dévouements ne lui manquèrent pas. Ses amis de Nuremberg lui offrirent un asile, mais fidèle à son prince, le duc Eberhard III, V. Andréae se rendit à Stuttgart. Là, par l'entremise du théologien Melchior Nicolaï, très puissant à la cour, il obtint la charge de conseiller consistorial. Il devint même le prédicateur attitré du roi, fonction qu'il remplit de 1639 à 1650. Pendant ces dix années qu'il passa à Stuttgart, il ne prêcha pas moins de mille sermons, dont la plupart sur le texte de Saint Paul : *première Lettre aux Corinthiens*. Malgré son zèle infatigable pour ses semblables, il eut à souffrir de cruels déboires, de la part de théologiens luthériens.

V. Andréae publia vers 1640, une ordonnance de discipline ecclésiastique, la *Cynosura ;* cette ordonnance qui formulait des prescriptions très détaillées sur les devoirs des pasteurs, devint la règle dans tout le Wurtemberg.

Dans sa lutte contre la simonie et la débauche, il eut le bonheur de trouver une aide précieuse en la personne des trois filles du duc Eberhard, surnommées par lui les Trois Grâces.

En 1649, patronné par Auguste, duc de Brunswick-Lunebourg, savant et fin lettré[31], (V. Andréae se disposa à

---

31   À écrit en allemand sous le nom de GUSTAVE TELENUS. V. Andréae lui dédia : *Les Pivoines* (?) *Augustales* (Seleniana Augustalia). Ulmæ, 1649, in-12.

passer sa thèse de docteur en théologie. Mais ce fut peine perdue. Il avait contre lui trop de contradicteurs et d'adversaires. Pas assez soutenu par le duc Eberhard, il se découragea et demanda à être relevé de ses fonctions. L'année suivante, Il fut nommé abbé de Babenhausen (Bavière). Ce fut là, au lieu du repos escompté le *Purgatorium* pour V. Andréae.

Accusé de fomenter l'hérésie par des adversaires, authentiques luthériens, il dut déposer contre eux une plainte devant le Consistoire. Ce fut le dernier coup, il ne s'en remit jamais. Par une heureuse diversion, le duc Auguste de Brunswick le comblait de titres et de présents, lui assurant ainsi des ressources considérables. Le duc, qui ne l'avait jamais vu, voulut en 1653, le faire venir auprès de lui, à Wolfenbüttel. Il lui envoya une escorte princière, mais V. Andréae malade n'osa pas entreprendre le voyage.

Devenu au début de 1654, abbé mitré d'Adelsberg, il ne put s'y rendre, le monastère ayant été détruit par un incendie.[32] Le duc lui fit construire une maison confortable, à Stuttgart. Mais V. Andréae habita fort peu de temps son *Selenianum;* miné par la maladie, il mourut le 27 janvier 1654, en dictant une lettre, au duc, son bienfaiteur, son *Soleil,* comme il le nommait.[33]

---

32   Le monastère d'Adelsberg est situé près du col du même nom dans, tes Alpes d'Algau, en Souabe (Wurtemberg).

33   Le dernier ouvrage de V. Andréae est un hommage au duc de Brunswick. Il s'intitule : *Exemple sans égal de piété, d'érudition et d'affabilité ; du Prince de la Jeunesse des deux sexes.* Ulmæ, 1654,in-18.

Quoiqu'on en dise, le rôle assigné à V. Andréae fut suivi par lui de point en point. Ses œuvres furent écrites pour éclairer les esprits et ramener les âmes égarées à la paix, à la vérité, à la raison.

Sa vie, comme celles de tous ceux qui se dévouent pour leurs semblables, fut un long sacrifice. S'il n'eut pas le courage de suivre l'exemple du Maître jusqu'à la croix, il sut toutefois montrer la route à ceux qui cherchent la Voie, la Vérité, la Vie !

PAUL CHACORNAC.

LES NOCES CHYMIQUES

DE CHRISTIAN ROSENCREUTZ

ANNÉE 1459

Les secrets perdent leur valeur ;
La profanation détruit la grâce.
Donc : ne jette pas les perles aux porcs,
Et ne fais pas à un âne un lit de roses.

PREMIER JOUR

Un soir, quelque temps avant Pâques, j'étais assis devant ma table et je m'entretenais, selon mon habitude, longuement avec mon Créateur, dans une humble prière. Je méditais profondément les grands secrets, que le Père de la Lumière, dans sa majesté, m'a laissé contempler en grand nombre, plein du désir de préparer dans mon coeur un pain azyme sans tache, avec l'aide de mon agneau de Pâques bien-aimé. Soudain le vent vint à souffler avec tant de violence qu'il me sembla que la montagne dans laquelle ma demeure était; creusée, s'écroulerait sous la rafale.

Cependant, comme cette tentative du diable, qui m'a accablé de bien des peines, resta sans succès, je repris courage et persévérai dans ma méditation. Tout à coup je me sens touché au dos; j'en fus si effrayé que je n'osai me retourner, quoiqu'on même temps j'en ressentisse une joie comme la faiblesse humaine n'en peut connaître que dans de semblables circonstances.

Comme on continuait à me tirer par mes vêtements, à plusieurs reprises, je finis cependant par me retourner et je vis une femme admirablement belle, vêtue d'une robe bleue parsemée délicatement d'étoiles d'or, tel le ciel. Dans sa main droite elle tenait une trompette en or, sur laquelle je lus aisément un nom, que l'on me défendit de révéler par la suite ; dans sa main gauche elle serrait un gros paquet de lettres, écrites dans toutes les langues, qu'elle devait distribuer dans tous les pays comme je l'ai su plus tard. Elle avait des ailes grandes et belles, couvertes d'yeux sur toute leur étendue ; avec ces ailes elle s'élançait et volait plus vite que l'aigle.

Peut-être aurais-je pu faire d'autres remarques encore, mais, comme elle ne resta que très peu de temps près de moi tandis que j'étais encore plein de terreur et de ravissement, je n'en vis pas davantage. Car, dès que je me retournai, elle feuilleta son paquet de lettres, en prit une et la déposa sur la table avec une profonde révérence ; puis elle me quitta sans m'avoir dit une parole. Mais en prenant son essor, elle sonna de sa trompette avec une telle force que la montagne entière en résonna et que je n'entendis plus ma propre voix pendant près d'un quart d'heure.

Ne sachant quel parti prendre dans cette aventure inattendue, je tombai à genoux et priai mon Créateur qu'il me sauvegardât de tout ce qui pourrait être contraire à mon salut éternel. Tout tremblant de crainte je pris alors la lettre et je la trouvai plus pesante que si elle avait été toute en or. En l'examinant avec soin, je découvris le sceau minuscule qui la fermait et qui portait une croix délicate avec l'inscription : *In hoc signo* † *vinces.*

Dès que j'eus aperçu ce signe je repris confiance car ce sceau n'aurait pas plu au diable qui certes n'en faisait pas usage. Je décachetai donc vivement la lettre et je lus les vers suivants, écrits en lettres d'or sur champ bleu.

Aujourd'hui, Aujourd'hui, Aujourd'hui,
Ce sont les noces du roi ;
Si tu es né pour y prendre part
Élu par Dieu pour la joie,
Va vers la montagne
Qui porte trois temples
Voir les événements.
Prends garde à toi,
Examine-toi toi-même.
Si tu ne t'es pas purifié assidûment
Les noces te feront dommage.
Malheur à qui s'attarde là-bas.
Que celui qui est trop léger s'abstienne.
Au-dessous comme signature :

Sponsus et *Sponsa.*

À la lecture de cette lettre je faillis m'évanouir ; mes cheveux se dressèrent et une sueur froide baigna tout mon corps. Je comprenais bien qu'il était question du mariage qui m'avait été annoncé dans une vision formelle sept ans auparavant ; je l'avais attendu et souhaité ardemment pendant longtemps et j'en avais trouvé le terme en calculant soigneusement les aspects de mes planètes ; mais jamais, je n'avais soupçonné qu'il aurait lieu dans des conditions si graves et si dangereuses.

En effet, je m'étais imaginé que je n'avais qu'à me présenter au mariage pour être accueilli en convive bienvenu et voici que tout dépendait de l'élection divine. Je n'étais nullement certain d'être parmi les élus ; bien plus, en m'examinant, je ne trouvais en moi qu'inintelligence et ignorance des mystères, ignorance telle que je n'étais même pas capable de comprendre le sol que foulaient mes pieds et les objets de mes occupations journalières ; à plus forte raison je ne devais pas être destiné à approfondir et à connaître les secrets de la nature. À mon avis, la nature aurait pu trouver partout un disciple plus méritant, à qui elle eût pu confier son trésor si précieux, quoique temporel et périssable. De même je m'aperçus que mon corps, mes mœurs extérieures et l'amour fraternel pour mon prochain n'étaient pas d'une pureté bien éclatante ; ainsi, l'orgueil de la chair perçait encore par sa tendance vers la considération et la pompe mondaines et le manque d'égards pour mon prochain. J'étais encore constamment tourmenté par la pensée d'agir pour mon profit, de me bâtir des palais, de me faire un nom immortel dans le monde et autres choses semblables.

Mais ce furent surtout les paroles obscures, concernant les trois temples, qui me donnèrent une grande inquiétude ; mes méditations ne parvinrent pas à les éclaircir, et, peut-être, ne les aurais-je jamais comprises si la Clef ne m'en avait été donnée d'une manière merveilleuse. Ballotté ainsi entre la crainte et l'espérance, je pesais le pour et le contre, mais je n'arrivais qu'à constater ma faiblesse et mon impuissance. Me sentant incapable de prendre une décision quelconque, rempli d'effroi par cette invitation, je cherchai enfin une solution

par ma voie habituelle, la plus certaine : je m'abandonnai au sommeil après une prière sévère et ardente, dans l'espoir que mon ange voudrait m'apparaître avec la permission divine pour mettre un terme à mes doutes, ainsi que cela m'avait été déjà accordé quelques fois auparavant. Et il en fut encore ainsi, à la louange de Dieu, pour mon bien et pour l'exhortation et l'amendement cordial de mon prochain.

Car, à peine m'étais-je endormi, qu'il me sembla que j'étais couché dans une tour sombre avec une multitude d'autres hommes ; et, là, attachés à de lourdes chaînes nous grouillions comme des abeilles sans lumière, même sans la plus faible lueur ; et cela aggravait encore notre affliction. Aucun de nous ne pouvait voir quoi que ce fut et cependant j'entendais mes compagnons s'élever constamment les uns contre les autres, parce que la chaîne de l'un était tant soit peu plus légère que celle de l'autre ; sans considérer qu'il n'y avait pas lieu de se mépriser beaucoup mutuellement, car nous étions tous de pauvres sots.

Après avoir subi ces peines pendant assez longtemps, nous traitant réciproquement d'aveugles et de prisonniers, nous entendîmes enfin sonner de nombreuses trompettes et battre le tambour avec un tel art que nous en fûmes apaisés et réjouis dans notre croix. Pendant que nous écoutions, le toit de la tour fut soulevé et un peu de lumière put pénétrer jusqu'à nous. C'est alors que l'on put nous voir tomber les uns sur les autres, car tout ce monde remuait en désordre, de sorte que celui qui nous dominait tantôt était maintenant sous nos pieds. Quant à moi, je ne restai pas inactif non plus mais je me glissai parmi mes compagnons et, malgré mes liens pesants, je grimpai sur une pierre dont j'avais réussi à m'emparer; mais là aussi je fus attaqué par les autres et je les repoussai en me défendant de mon mieux des mains et des pieds. Nous étions convaincus que nous serions tous libérés mais il en fut autrement.

Lorsque les Seigneurs qui nous regardaient d'en haut par l'orifice de la tour se furent égayés quelque peu de cette agitation et de ces gémissements, un vieillard tout blanc nous ordonna de nous taire, et, dès qu'il eut obtenu le silence, il parla, si ma mémoire est fidèle, en ces termes :

Si le pauvre genre humain
Voulait ne pas se révolter,
Il recevrait beaucoup de biens
D'une véritable mère,
Mais refusant d'obéir,
Il reste avec ses soucis,

Et demeure prisonnier.
Toutefois, ma chère mère ne veut pas
Leur tenir rigueur pour leur désobéissance ;
Et laisse ses biens précieux
Arriver à la lumière trop souvent,
Quoiqu'ils y parviennent très rarement,
Afin qu'on les apprécie ;
Sinon on les considère comme fables.
C'est pourquoi, en l'honneur de la fête,
Que nous célébrons aujourd'hui,
Pour qu'on lui rende grâce plus souvent
Elle veut faire une bonne œuvre.
On descendra la corde ;
Celui qui s'y suspendra
Sera délivré.

À peine eut-il achevé ce discours, que la vieille dame ordonna à ses serviteurs de lancer la corde dans la tour à sept
reprises et de la ramener avec ceux qui auront pu la saisir.
Oh Dieu ! que ne puis-je décrire avec plus de force l'angoisse qui nous étreignit alors, car nous cherchions tous à
nous emparer de la corde et par cela même nous nous en em-
pêchions mutuellement. Sept minutes s'écoulèrent, puis une
clochette tinta ; à ce signal les serviteurs ramenèrent la corde
pour la première fois avec quatre des nôtres. À ce moment
j'étais bien loin de pouvoir saisir la corde, puisque, pour mon
grand malheur, j'étais monté sur une pierre contre la paroi de
la tour, comme je l'ai dit ; de cet endroit je ne pouvais saisir la
corde qui descendait au milieu.

La corde nous fut tendue une seconde fois ; mais beaucoup parmi nous avaient des chaînes trop lourdes et des mains trop délicates pour y rester accrochés, et, en tombant ils en entraînaient beaucoup d'autres qui se seraient peut-être maintenus. Hélas ! j'en vis qui, ne pouvant se saisir de la corde en arrachaient d'autres, tant nous fûmes envieux dans notre grande misère. Mais je plaignis surtout ceux qui étaient tellement lourds que leurs mains s'arrachèrent de leurs corps sans qu'ils parvinssent à monter.

Il arriva donc qu'en cinq allées et venues, bien peu furent délivrés ; car à l'instant même où le signal était donné, les serviteurs ramenaient la corde avec une telle rapidité que la plupart de ceux qui l'avaient saisie tombaient les uns sur les autres. La cinquième fois notamment la corde fut retirée à vide de sorte que beaucoup d'entre nous, dont moi-même désespéraient de leur délivrance ; nous implorâmes donc Dieu pour qu'il eût pitié de nous et nous sortit de cette ténèbre puisque les circonstances étaient propices ; et quelques-uns ont été exaucés.

Comme la corde balançait pendant qu'on la retirait elle vint à passer près de moi, peut-être par la volonté divine ; je la suivis au vol et m'assis par-dessus tous les autres ; et c'est ainsi que j'en sortis contre toute attente. Ma joie fut telle que je ne sentis pas les blessures qu'une pierre aiguë me fit à la tête pendant la montée ; je ne m'en aperçus qu'au moment où, à mon tour, je dus aider les autres délivrés à retirer la corde pour la septième et dernière fois ; alors, par l'effort déployé, le sang se répandit sur tous mes vêtements, sans que je le remarquasse, dans ma joie.

Après ce dernier retrait de la corde, ramenant un plus grand nombre de prisonniers, la dame chargea son très vieux fils (dont l'âge m'étonnait grandement) d'exhorter les prisonniers restant dans la tour; celui-ci, après une courte réflexion, prit la parole comme suit :

Chers enfants
Qui êtes là-bas,
Voici terminé
Ce qui était prévu depuis longtemps.
Ce que la grâce de ma mère
À accordé à vos frères
Ne leur enviez point.
Des temps joyeux viendront bientôt,
Où tous seront égaux ;
Il n'y aura plus ni pauvre ni riche.
Celui à qui on a commandé beaucoup
Devra apporter beaucoup,
Celui à qui on a confié beaucoup,
Devra rendre des comptes sévères.
Cessez donc vos plaintes amères ;
Qu'est-ce que quelques jours.

Dès qu'il eût achevé ce discours, la toiture fut replacée sur la tour. Alors l'appel des trompettes et des tambours retentit de nouveau, mais leur éclat ne parvenait pas à dominer les gémissements des prisonniers de la tour qui s'adressaient à tous ceux qui étaient dehors ; et cela ne fit venir les larmes aux yeux.

La vieille dame prit place à côté de son fils sur le siège disposé à son intention et fit compter les délivrés. Quand elle en eut appris le nombre et l'eut marqué sur une tablette en or, elle demanda le nom de chacun qui fut noté par un page. Elle nous regarda ensuite, soupira et dit à son fils (ce que j'entendis fort bien) : « Ah ! que je plains les pauvres hommes dans la tour ; puisse Dieu me permettre de les délivrer tous ». Le fils répondit : « Mère, Dieu l'a ordonné ainsi et nous ne devons pas lui désobéir. Si nous étions tous seigneurs et possesseurs des biens de la terre, qui donc nous servirait quand nous sommes à table ? ». À cela, sa mère ne répliqua rien.

Mais bientôt elle reprit : « Délivrez donc ceux-ci de leurs chaînes ». Cela fut fait rapidement et l'on me débarrassa presque le dernier. Alors, quoique ayant observé d'abord la façon de se comporter de mes compagnons, Je ne pus me retenir de m'incliner devant la vieille dame et de remercier Dieu, qui, par son intermédiaire, avait bien voulu me transporter de la ténèbre à la lumière, dans sa grâce paternelle. Les autres suivirent mon exemple et la dame s'inclina.

Enfin chacun reçut comme viatique une médaille commémorative en or ; elle portait sur l'endroit l'effigie du soleil levant, sur l'envers, si ma mémoire est fidèle, les trois lettres D. L. S. [34]

---

34   *Deus Lux Solis vel Laus Semper :* Dieu lumière du Soleil ou A Dieu louange toujours.

Puis on nous congédia en nous exhortant à servir notre prochain pour la louange de Dieu, et à tenir secret ce qui nous avait été confié ; nous en fîmes la promesse et nous nous séparâmes.

Or, je ne pouvais marcher qu'avec difficulté, à cause des blessures produites par les anneaux qui m'avaient encerclé les pieds et je boitais des deux jambes. La vieille dame s'en aperçut, en rit, me rappela et me dit : « Mon fils, ne t'attriste pas pour cette infirmité, mais souviens-toi de tes faiblesses et remercie Dieu qui t'a laissé parvenir à cette lumière élevée, tandis que tu séjournes encore en ce monde, dans ton imperfection ; supporte ces blessures en souvenir de moi ».

À ce moment, les trompettes sonnèrent inopinément, j'en fus tellement saisi que je m'éveillai. C'est alors seulement que je m'aperçus que j'avais rêvé. Toutefois, j'avais été si fortement impressionné que ce songe me préoccupe encore aujourd'hui et qu'il me semble que je sens encore les plaies de mes pieds.

En tous cas, je compris que Dieu me permettait d'assister aux noces occultes ; je lui en rendis grâce, en sa majesté divine, dans ma foi filiale, et je le priai de me garder toujours dans sa crainte, de remplir quotidiennement mon coeur de sagesse et d'intelligence et de me conduire enfin, par sa grâce, jusqu'au but désiré, malgré mon peu de mérite.

Puis je me préparai au voyage ; je me vêtis de ma robe de lin blanche et je ceignis un ruban couleur de sang passant sur les épaules et disposé en croix. J'attachai quatre roses rouges à mon chapeau, espérant que tous ces signes distinctifs me feraient remarquer plus vite dans la foule. Comme aliment, je pris du pain, du sel et de l'eau ; j'en usai par la suite dans certains cas, à plusieurs reprises, non sans utilité, en suivant le conseil d'un sage. Mais avant de quitter ma caverne, prêt pour le départ et paré de mon habit nuptial, je me prosternai à genoux et priai Dieu qu'il permît que tout ce qui allait advenir fût pour mon bien ; puis je Lui fis la promesse de me servir des révélations qui pourraient m'être faites, non pour l'honneur et la considération mondaines, mais pour répandre Son nom et pour l'utilité de mon prochain. Ayant fait ce voeu, je sortis de ma cellule, plein d'espoir et de joie.

COMMENTAIRE

Ce *Premier Jour* débute « quelques temps avant Pâques, et ces quelques mots, paraissant sans importance, ont un lien étroit avec tout ce qui va suivre. L'agneau sans tache et le pain azyme auxquels songe le héros de ce récit, évoquent certains passages du Deutéronome, lorsque le Seigneur dit à Moïse : « Ce mois-ci est le commencement des mois, il sera le premier des mois de l'année... ». À la fête de Pâques se rattache l'idée de *Résurrection,* de renouveau, de recommencement. C'est donc aux environs de l'équinoxe de printemps que Valentin Andréae place la résurrection du Roi et de la Reine, et ceci n'est pas sans importance. Selon notre point de vue, Ch. Rosencreutz, au moins dans cette partie du récit, peut être confondu avec la matière première des Philosophes. Ne lui semble-t-il pas en effet que la montagne dans laquelle est creusée sa demeure va s'écrouler sous la violence du vent. La pierre est encore dans sa minière. Une messagère ailée lui apporte l'invitation aux noces de « *Sponsus* et *Sponsa* » (le Fiancé et la Fiancée). Elle est vêtue d'une robe semblable au ciel constellé d'étoiles, et cela, joint aux sons qu'elle tire de sa trompette évoque singulièrement les Anges bibliques, et en particulier celui qui réveille Jacob, lequel s'était, endormi la tête sur *une Pierre*. (Pour les lecteurs possédant cet ouvrage le rapprochement est facile avec la planche 1 du « MUTUS LIBER ».)

Le Sceau qui clôt la lettre porte une croix avec l'inscription : « Dans ce signe tu vaincras ». Tout en évoquant le Labarum de Constantin, n'oublions pas que la croix symbolise les quatre éléments. Le texte de la lettre est assez explicite et il nous confirme notamment que sans une purification suffisante, la pierre extraite de sa minière ne pourra jamais aspirer à devenir celle des Philosophes ; il faut de plus que sa densité soit suffisante, comme nous le verrons plus loin à l'épreuve des Poids.

Le récit du Songe vient appuyer ce qui précède et parmi les pierres extraites de la Mine, combien peut-on en compter qui soient admises à l'honneur de devenir « la Pierre » tout court ? De tous les détails, accumulés à plaisir dans ce récit, pour égarer le lecteur, ne retenons que la seconde strophe de ce que dit « le vieillard tout blanc » et le passage où il est écrit : « Ma joie fut telle que je ne sentis pas la blessure qu'une pierre aiguë me fit à la tête pendant la montée ». Ce Vieillard, ce très vieux fils dont l'âge étonne grandement notre héros, ressemble étonnamment à Saturne, et sa Mère plaint les minerais et métaux (les hommes dans la tour) qu'elle ne peut délivrer tous, c'est-à-dire libérer de leur lèpre pour les rendre purs et nets comme l'Or. Ici se place une confusion sans doute voulue entre ce qui précède sur le vieillard et les plaintes qu'élève le Pèlerin sur les plaies de ses pieds. Sa démarche est rendue pesante tout comme celle de Saturne que l'on a représenté entravé de liens de laine. Je n'insiste pas davantage sur ce songe pas plus que sur le sens des trois lettres D. L. S. que porte le revers de la médaille d'or commémorative, elles peuvent admettre une foule d'interprétations vraisemblables ; quant au songe, j'en ai déjà dit plus que je ne devais. *Qui potest capere copiat.*

Le costume que Christian Rosencreutz a adopté pour se rendre aux noces de *Sponsus* et *Sponsa,* ne mérite pas de passer inaperçu. Je ne dis rien de la robe de lin blanc conforme aux usages sacrés, mais le ruban rouge qu'il dispose en croix et les quatre roses rouges qu'il attache à son chapeau, méritent de retenir l'attention du lecteur, car par ce seul geste l'emblème de la Rose-Croix est né. Il est amusant, à ce propos, d'ouvrir une parenthèse, bien qu'il soit loin de mon esprit de vouloir établir le moindre parallèle entre la Confrérie Rosicrucienne et notre grand Ordre National de la Légion d'Honneur, mais la couleur rouge du ruban, la Croix attribuée au grade de Chevalier et la Rosette rouge au grade d'officier, montrent suffisamment l'indigence de notre imagination et nous prouvent que nous tournons sans cesse à notre insu dans un même cercle.

Pourquoi Chr. Rosencreutz emporte-t-il comme viatique du pain, de l'eau et du sel ? Le premier est le pain eucharistique, c'est-à-dire la grâce divine, l'eau est l'eau lustrale et purificatrice ; quant au sel, est-il besoin de rappeler ici son symbolisme dans le sacrement du Baptême ?

Nous arrêtons ici le commentaire du *Premier Jour.*

DEUXIÈME JOUR

A peine étais-je entré dans la forêt qu'il me sembla que le ciel entier et tous les éléments s'étaient déjà parés pour les noces; je crus entendre les oiseaux chanter plus agréablement et je vis les jeunes cerfs sauter si joyeusement qu'ils réjouirent mon coeur et l'incitèrent à chanter. Je chantai donc à haute voix:

> Sois joyeux, cher petit oiseau;
> Pour louer ton créateur
> Élève ta voix claire et fine,
> Ton Dieu est très puissant;
> Il t'a préparé ta nourriture
> Et te la donne juste en temps voulu,
> Sois satisfait ainsi.
>
> Pourquoi donc serais-tu chagrin,
> Pourquoi t'irriter contre Dieu
> De t'avoir fait petit oiseau?

Pourquoi raisonner dans ta petite tête
Parce qu'il ne t'a pas fait homme ?
Oh ! tais-toi, il a profondément médité cela,
Sois satisfait ainsi.

Que ferais-je, pauvre ver de terre
Si je voulais discuter avec Dieu ?
Chercherais-je à forcer l'entrée du ciel
Pour ravir le grand art par violence ?
Dieu ne se laisse pas bousculer ;
Que l'indigne s'abstienne.
Homme, sois satisfait.

S'il ne t'a pas fait empereur
N'en soit pas offensé ;
Tu aurais peut-être méprisé son nom
Et de cela seul il se soucie.
Les yeux de Dieu sont clairvoyants ;
Il voit au fond de ton coeur
Donc tu ne le tromperas pas.

Et mon chant, partant du fond de mon coeur se répandit
à travers la forêt en résonnant de toutes parts. Les montagnes
me répétèrent les dernières paroles au moment où, sortant de
la forêt, j'entrais dans une belle prairie. Sur ce pré s'élançaient
trois beaux cèdres dont les larges rameaux projetaient une
ombre superbe. Je voulus en jouir aussitôt car malgré que
je n'eusse pas fait beaucoup de chemin, j'étais accablé par

l'ardeur de mon désir; je courus donc aux arbres pour me reposer un peu.

Mais en approchant de plus près j'aperçus un écriteau fixé à un arbre et voici les mots écrits en lettres élégantes que je lus:

« Étranger, salut: Peut-être as-tu entendu parler des Noces du Roi, dans ce cas, pèse exactement ces paroles: Par nous, le Fiancé t'offre le choix de quatre routes, par toutes lesquelles tu pourras parvenir au Palais du Roi, à condition de ne pas t'écarter de sa voie. La première est courte, mais dangereuse, elle passe à travers divers écueils que tu ne pourras éviter qu'à grand peine; l'autre, plus longue, les contourne, elle est plane et facile si à l'aide de l'aimant tu ne te laisse détourner, ni à droite, ni à gauche. La troisième est en vérité la voie royale, divers plaisirs et spectacles de notre Roi te rendent cette voie agréable. Mais à peine un sur mille peut arriver au but par celle-là. Par la quatrième, aucun homme ne peut parvenir au Palais du Roi, elle est rendue impossible car elle consume et ne peut convenir qu'aux corps incorruptibles. Choisis donc parmi ces trois voies celle que tu veux, et suis la avec constance. Sache aussi que quelle que soit celle que tu as choisie, en vertu d'un Destin immuable, tu ne peux abandonner ta résolution, et revenir en arrière sans le plus grand danger pour ta vie.»

« Voilà ce que nous avons voulu que tu saches, mais prends garde aussi d'ignorer que tu déploreras d'avoir suivi cette voie pleine de périls: En effet s'il doit t'arriver de te rendre coupable du moindre délit contre les lois de notre Roi, je te prie pendant qu'il en est encore temps de retourner au plus vite chez toi, par le même chemin que tu as suivi pour venir.[35] »

Dès que j'eus lu cette inscription, ma joie s'évanouit ; et après avoir chanté si joyeusement je me mis à pleurer amèrement ; car je voyais bien les trois routes devant moi. Je savais qu'il m'était permis d'en choisir une ; mais en entreprenant la route de pierres et de rocs, je m'exposais à me tuer misérablement dans une chute ; en préférant la voie longue je pouvais m'égarer dans les chemins de traverse ou rester en route pour toute autre cause dans ce long voyage. Je n'osais pas espérer non plus, qu'entre mille je serais précisément celui qui pouvait choisir la voie royale. La quatrième route s'ouvrait égale-

---

35   *Hospes salve : si quid tibi forsitan de nuptiis Regis auditum. Verba haec perpende. Quatuor viarum optionem per nos tibi sponsus offert, per quas omnes, modo non in devias delabaris, ad Regiam ejus aulam pervenire possis. Prima brevis est, sed periculosa, et quae te in varias scopulos deducet, ex quibus vix te expedire licebit. Altera longior, quae circumducet te, non abducet, plana ea est, et facilis, si te Magnetis auxilio, neque ad dextrum, neque finistrum abduci patieris. Tertia vere Regia est, quae per varias Regis nostri delicias et spectacula viam tibi reddet jucundam. Sed quod vix millesimo hactenus obtigit. Per quartam nemini hominum licebit ad Regiam pervenire, ut pote, quae consumens, et non nisi corporibus incorruptibilibus conveniens est. Elige nunc ex tribus quam velis, et in en constans permane. Scito autem quamcunque ingressus fueris : ab immutabili Fato tibi ita destinatum, nec nisi cum maximo vitae periculo regredi fas esse.*

Haec sunt quae te scivisse volvimus : sed heus cave ignores, quanto cum periculo te huic viae cornmiseris : nam si te vel minimi delicti contra Regis nostri leges nosti obnoxium : quaeso dum adhuc licet per eandem viam, qua accessisti : domum te confer quam citissime.

ment devant moi ; mais elle était tellement remplie de feu et de vapeur que je ne pouvais en approcher, même de loin.

Dans cette incertitude je réfléchissais s'il ne valait pas mieux renoncer à mon voyage ; d'un part, je considérais mon indignité ; mais d'autre part, le songe me consolait par le souvenir de la délivrance de la tour, sans que je pusse cependant m'y fier d'une manière absolue. J'hésitais encore sur le parti à prendre, lorsque mon corps, accablé de fatigue, réclama sa nourriture. Je pris donc mon pain et le coupai. Alors une colombe, blanche comme la neige, perchée sur un arbre et dont la présence m'avait échappée jusqu'à ce moment, me vit et descendit ; peut-être en était-elle coutumière. Elle s'approcha tout doucement de moi et je lui offris de partager mon repas avec elle ; elle accepta, et cela me permit d'admirer sa beauté, tout à mon aise.

Mais un corbeau noir, son ennemi, nous aperçut ; il s'abattit sur la colombe pour s'emparer de sa part de nourriture, sans prêter la moindre attention à ma présence. La colombe n'eut d'autre ressource que de fuir et ils s'envolèrent tous deux vers le midi. J'en fus tellement irrité et affligé que je poursuivis étourdiment le corbeau insolent et je parcourus ainsi, sans y prendre garde, presque la longueur d'un champ dans cette direction ; je chassai le corbeau et je délivrai la colombe.

À ce moment seulement, je me rendis compte que j'avais agi sans réflexion ; j'étais entré dans une voie qu'il m'était interdit d'abandonner dorénavant sous peine d'une punition sévère. Je m'en serais consolé si je n'avais regretté vivement d'avoir laissé ma besace et mon pain au pied de l'arbre sans pouvoir les reprendre; car dès que je voulais me retourner, le vent me fouettait avec tant de violence qu'il me jetait aussitôt à terre; par contre en poursuivant mon chemin je ne sentais plus la tourmente. Je compris alors que m'opposer au vent, c'était perdre la vie.

Je me mis donc en route en portant patiemment ma croix, et, comme le sort en était jeté, je pris la résolution de faire tout mon possible pour arriver au but avant la nuit. Maintes fausses routes se présentaient devant moi; mais je les évitai grâce à ma boussole, en refusant de quitter d'un pas le méridien, maigre que le chemin fût fréquemment si rude et si peu praticable que je croyais m'être égaré. Tout en cheminant, je pensais sans cesse à la colombe et au corbeau, sans parvenir à en comprendre la signification.

Enfin je vis au loin un portail splendide, sur une haute montagne; je m'y hâtais malgré qu'il fût très, très éloigné de ma route, car le soleil venait de se cacher derrière les montagnes sans que j'eusse pu apercevoir une ville au loin. J'attribue cette découverte à Dieu seul qui aurait bien pu me laisser continuer mon chemin sans m'ouvrir les yeux, car j'aurais pu le dépasser facilement sans le voir.

Je m'en approchai, dis-je, avec la plus grande hâte et quand j'y parvins les dernières lueurs du crépuscule me permirent encore d'en distinguer l'ensemble.

Or c'était un *Portail Royal admirable,* fouillé de sculptures représentant des mirages et des objets merveilleux dont plusieurs avaient une signification particulière, comme je l'ai su plus tard. Tout en haut le fronton portait ces mots :

LOIN D'ICI, ÉLOIGNEZ-VOUS PROFANES. [36]

Avec d'autres inscriptions dont on m'a défendu sévèrement de parler. Au moment où j'arrivai au portail, un inconnu, vêtu d'un habit bleu du ciel, vint à ma rencontre. Je le saluai amicalement et il me répondit de même en me demandant aussitôt ma lettre d'invitation. Oh ! combien fus-je joyeux alors de l'avoir emportée avec moi car j'aurais pu l'oublier aisément, ce qui, d'après lui, était arrivé à d'autres. Je la lui présentai donc aussitôt ; non seulement il s'en montra satisfait, mais à ma grande surprise, il me dit en s'inclinant : « Venez, cher frère, vous êtes mon hôte bienvenu ». Il me pria ensuite de lui dire mon nom, je lui répondis que j'étais le frère de la *Rose-Croix Rouge*, il en témoigna une agréable surprise. Puis il me demanda : « Mon frère, n'auriez-vous pas apporté de quoi acheter un insigne ? » Je lui répliquai que je n'étais guère fortuné mais que je lui offrirais volontiers ce qui pourrait lui plaire parmi les objets en ma possession. Sur sa demande, je lui fis présent de ma fiole d'eau, et il me donna en échange un insigne en or qui ne portait que ces deux lettres : *S.C.* [37]

---

36   *Procul hinc, procul ite prophani.*

37   *Sanctitate constantia, Sponsus Charus, Spes Charitas :* Constance par la sainteté ; Fiancé par amour, Espoir par la charité.

Il m'engagea à me souvenir de lui dans le cas où il pourrait m'être utile. Sur ma question il m'indiqua le nombre des convives entrés avant moi ; enfin, par amitié, il me remit une lettre cachetée pour le gardien suivant.

Tandis que je m'attardais à causer avec lui, la nuit vint ; on alluma sous la porte un grand falot afin que ceux qui étaient encore en route pussent se diriger. Or le chemin qui conduisait au château se déroulait entre deux murs ; il était bordé de beaux arbres portant fruits. On avait suspendu une lanterne à un arbre sur trois de chaque côté de la route et une belle vierge vêtue d'une robe bleue venait allumer toutes ces lumières avec une torche merveilleuse ; et je m'attardais plus qu'il n'était sage à admirer ce spectacle d'une beauté parfaite.

Enfin l'entretien prit fin et après avoir reçu les instructions utiles je pris congé du premier gardien. Tout en cheminant je fus pris du désir de savoir ce que contenait la lettre ; mais comme je ne pouvais croire à une mauvaise intention du gardien je résistai à la tentation.

J'arrivai ainsi à la deuxième porte qui était presque semblable à la première ; elle n'en différait que par les sculptures et les symboles secrets. Sur le fronton on lisait :

DONNEZ ET L'ON VOUS DONNERA. [38]

Un lion féroce, enchaîné sous cette porte, se dressa dès qu'il m'aperçut et tenta de bondir sur moi en rugissant ; il ré-

---

38   *Date et dabitur vobis.*

veilla ainsi le second gardien qui était couché sur une dalle en marbre ; celui-ci me pria d'approcher sans crainte. Il chassa le lion, prit la lettre que lui je tendis en tremblant et me dit en s'inclinant profondément : « Bienvenu en Dieu soit l'homme que je désirais voir depuis longtemps ». Ensuite il me présenta un insigne et me demanda si je pouvais l'échanger. Comme je ne possédais plus rien que mon sel, je lui offris et il accepta en me remerciant. Cet insigne ne portait encore que deux lettres : *S. M.*[39]

Comme je m'apprêtais à converser avec lui également, on sonna dans le château ; alors le gardien me pressa de courir de toute la vitesse de mes jambes, sinon tout mon travail et mes efforts seraient vains car on commençait déjà à éteindre toutes les lumières en haut. Je me mis immédiatement à courir, sans saluer le gardien car je craignais d'arriver trop tard, non sans raison.

En effet, quelque rapide que fût ma course, la vierge me rejoignait déjà et derrière elle on éteignait toutes les lumières. Et je n'aurais pu rester dans le bon chemin si elle n'avait fait arriver une lueur de son flambeau jusqu'à moi. Enfin, poussé par l'angoisse, je parvins à entrer juste derrière elle ; à cet instant même les portes furent refermées si brusquement que le bas de mon vêtement fut pris ; et je dus l'y abandonner car ni moi ni ceux qui appelaient à ce moment au dehors, ne pûmes

---

39   *Studio merentis ; Sal memor ; Sponso mittendus ; Sal mineralis ; Sal menstrualis :* Désir de mériter ; Sel du souvenir ; Produit par le fiancé ; Sel minéral ; Sel des menstrues.

obtenir du gardien de la porte qu'il l'ouvrît de nouveau ; il prétendit avoir remis les clefs à la vierge, qui les aurait emportées dans la cour.

Je me retournai encore pour examiner la porte ; c'était un chef-d'œuvre admirable et le monde entier n'en possédait pas une qui l'égalât. À côté de la porte se dressaient deux colonnes ; l'une d'elles portait une statue souriante, avec l'inscription :

CONGRATULATEUR[40]

Sur l'autre la statue cachait sa figure tristement et au-dessous on lisait :

JE COMPATIS.[41]

En un mot, on voyait des sentences et des images tellement obscures et mystérieuses que les plus sages de la terre n'eussent pu les expliquer ; mais, pourvu que Dieu le permette, je les décrirai tous sous peu et je les expliquerai.

En passant sous la porte il m'avait fallu dire mon nom, qui fut inscrit le dernier sur le parchemin destiné au futur époux. Alors seulement le véritable insigne de convive me fut donné ; il était un peu plus petit que les autres mais beaucoup plus pesant. Les trois lettres suivantes y étaient gravées :

---

40   *Congratulor.*
41   *Condoleo.*

S. P. N.[42]; ensuite on me chaussa d'une paire de souliers neufs, car le sol entier du château était dallé de marbre clair.

Comme il m'était loisible de donner mes vieux souliers à l'un des pauvres qui s'asseyaient fréquemment mais très décemment sous la porte, j'en fis présent à un vieillard.

Quelques instants après, deux pages tenant des flambeaux, me conduisirent dans une chambrette et me prièrent de me reposer sur un banc ; ce que je fis, tandis qu'ils disposaient les flambeaux dans deux trous pratiqués dans le sol ; puis ils s'en allèrent, me laissant seul.

Tout à coup, j'entendis près de moi un bruit sans cause apparente et voici que je me sentis saisi par plusieurs hommes à la fois ; ne les voyant pas je fus bien obligé de les laisser agir à leur gré. Je ne tardai pas à m'apercevoir qu'ils étaient perruquiers ; je les priai alors de ne plus me secouer ainsi et je déclarai que je me prêterais à tout ce qu'ils voudraient. Ils me rendirent aussitôt la liberté de mes mouvements et l'un d'eux, tout en restant invisible, me coupa adroitement les cheveux sur le sommet de la tête ; il respecta cependant mes longs cheveux blanchis par l'âge sur mon front et sur mes tempes.

J'avoue que, de prime abord, je faillis m'évanouir ; car je croyais que Dieu m'avait abandonné à cause de ma témérité au moment où je me sentis soulevé si irrésistiblement.

---

42   *Salus per naturam; Sponsi praæsentandus nuptiis:* Santé par la nature ; offert aux noces du fiancé.

Enfin, les perruquiers invisibles ramassèrent soigneusement les cheveux coupés et les emportèrent; les deux pages revinrent alors et se mirent à rire de ma frayeur. Mais à peine eurent-ils ouvert la bouche qu'une petite clochette tinta, pour réunir l'assemblée ainsi qu'on me l'apprit.

Les pages me précédèrent donc avec leurs flambeaux et me conduisirent à la grande salle, à travers une infinité de couloirs, de portes et d'escaliers. Une foule de convives se pressait dans cette salle; on y voyait des empereurs, des rois, des princes et des seigneurs, des nobles et des roturiers, des riches et des pauvres et toutes sortes de gens; j'en fus extrêmement surpris en songeant en moi-même: « Ah! suis-je assez fou! pourquoi m'être tant tourmenté pour ce voyage! Voici des compagnons que je connais fort bien et que je n'ai jamais estimés; les voici donc tous, et moi, avec toutes mes prières et mes supplications, j'y suis entré le dernier, et à grand peine! »

Ce fut encore le diable qui m'inspira ces pensées et bien d'autres semblables, malgré tous mes efforts pour le chasser.

De ci et de là, ceux qui me connaissaient m'appelaient: « Frère Rosencreutz, te voilà donc arrivé aussi? » — « Oui, mes frères » répondis-je, « La grâce de Dieu m'a fait entrer également ». Ils rirent de ma réponse et me trouvèrent ridicule d'invoquer Dieu pour une chose aussi simple. Comme je questionnais chacun sur le chemin qu'il avait suivi — plusieurs avaient dû descendre le long des rochers, — des trompettes invisibles sonnèrent l'heure du repas. Alors chacun se plaça selon le rang auquel il croyait avoir droit; si bien que moi et d'autres pauvres gens avons trouvé à peine une petite place à la dernière table.

Alors les deux pages entrèrent, et l'un d'eux récita de si admirables prières que mon coeur en fut réjoui ; cependant quelques-uns des grands seigneurs n'y prêtaient aucune attention, mais riaient entre eux, se faisaient des signes, mordillaient leurs chapeaux et s'amusaient avec d'autres plaisanteries de ce genre. Puis on servit. Quoique nous ne pussions voir personne les plats étaient si bien présentés qu'il me semblait que chaque convive avait son valet.

Lorsque ces gens-là furent rassasiés et que le vin leur eût ôté la honte du coeur, ils se vantèrent tous et prônèrent leur puissance. L'un parla d'essayer ceci, l'autre cela, et les plus sots crièrent les plus fort ; maintenant encore je ne puis m'empêcher de m'irriter, quand je me rappelle les actes surnaturels et impossibles que j'ai entendu raconter. Pour finir ils changèrent de place ; ça et là un courtisan se glissa entre deux seigneurs, et alors ceux-ci projetaient des actions d'éclat telles que la force de Samson ou d'Hercule n'eût pas suffi pour les accomplir. Tel voulait délivrer Atlas de son fardeau, tel autre parlait de retirer le *Cerbère* tricéphale des enfers ; bref chacun divaguait à sa manière. La folie des grands seigneurs était telle qu'ils finissaient par croire à leurs propres mensonges et l'audace des méchants ne connut plus de bornes, de sorte qu'ils ne tinrent aucun compte des coups qu'ils reçurent sur les doigts comme avertissement. Enfin, comme l'un d'eux se vanta de s'être emparé d'une chaîne d'or, les autres continuèrent tous dans ce sens. J'en vis un qui prétendait entendre bruisser les cieux; un autre pouvait voir les *Idées Platoniciennes;* un troisième voulait compter les Atomes de *Démocrite* et bien d'autres connaissaient le mouvement perpétuel.

À mon avis, plusieurs avaient une bonne intelligence, mais, pour leur malheur, ils avaient trop bonne opinion d'eux-mêmes. Pour finir, il y en avait un qui voulait tout simplement nous persuader qu'il voyait les valets qui nous servaient, et il aurait discuté longtemps encore, si l'un de ces serveurs invisibles ne lui avait appliqué un soufflet sur sa bouche menteuse, de sorte que, non seulement lui, mais encore bon nombre de ses voisins, devinrent muets comme des souris.

Mais, à ma grande satisfaction, tous ceux que j'estimais, gardaient le silence dans ce bruit; ils n'élevaient point la voix, car ils se considéraient comme gens inintelligents, incapables de saisir le secret de la nature, dont, au surplus, ils se croyaient tout à fait indignes. Dans ce tumulte, j'aurais presque maudit le jour de mon arrivée en ce lieu, car je voyais avec amertume que les gens méchants et légers étaient comblés d'honneurs, tandis que moi, je ne pouvais rester en paix à mon humble place; en effet, un de ces scélérats me raillait en me traitant de fou achevé.

Comme j'ignorais qu'il y eût encore une porte par laquelle nous devions passer, je m'imaginais que je resterais ainsi en butte aux railleries et au mépris pendant toute la durée des noces; je ne pensais cependant pas avoir tellement démérité du fiancé ou de la fiancée et j'estimais qu'ils auraient pu trouver quelqu'un d'autre pour tenir l'emploi de bouffon à leurs noces. Hélas! c'est à ce manque de résignation que l'inégalité du monde pousse les coeurs simples ; et c'est précisément cette impatience que mon rêve m'avait montrée sous le symbole de la claudication.

Et les vociférations augmentaient de plus en plus. Déjà, certains voulaient nous donner pour vrai des visions forgées de toutes pièces et des songes d'une fausseté évidente.

Par contre mon voisin était un homme calme et de bonnes manières ; après avoir causé de choses très sensées il me dit enfin : « Vois, mon frère ; si en ce moment quelque nouvel arrivant voulait faire entrer tous ces endurcis dans le droit chemin, l'écouterait-on ? » — « Certes non », répondis-je, — « C'est ainsi », dit-il « que le monde veut à toute force être abusé et ferme ses oreilles à ceux qui ne cherchent que son bien. Regarde donc ce flatteur et observe par quelles comparaisons ridicules et par quelles déductions insensées il capte l'attention de son entourage ; là-bas un autre se moque des gens avec des mots mystérieux inouïs. Mais, crois m'en, il arrivera » un temps où l'on ôtera les masques et les déguisements pour montrer à tous, les fourbes qu'ils cachaient ; alors on reviendra peut-être à ceux que l'on avait dédaignés. »

Et le tumulte devenait de plus en plus violent. Soudain une musique délicieuse, admirable, telle que je n'en avais entendue de ma vie, s'éleva dans la salle ; et, pressentant des événements inattendus, toute l'assemblée se tut. La mélodie montait d'un ensemble d'instruments à corde avec une harmonie si parfaite que j'en restai comme figé, tout absorbé en moi-même, au grand étonnement de mon voisin ; et elle nous tint sous son charme près d'une demi-heure durant laquelle nous gardâmes le silence ; du reste quelques-uns ayant eu l'intention de parler furent aussitôt corrigés par une main invisible ; en ce qui me concernait, renonçant à voir les musiciens je cherchais à voir leurs instruments.

Une demi-heure s'était écoulée lorsque la musique cessa subitement sans que nous eussions pu voir d'où elle provenait.

Mais voici qu'une fanfare de trompettes et un roulement de tambours éclatèrent à l'entrée de la salle et ils résonnèrent avec une telle maestria que nous nous attendions à voir entrer l'empereur romain en personne. Nous vîmes la porte s'ouvrir d'elle-même, et alors l'éclat de la fanfare devint tel que nous pouvions à peine le supporter. Cependant des lumières entrèrent dans la salle, par milliers, me semblait-il ; elles se mouvaient toutes seules, dans leur rang, ce qui ne laissa de nous effrayer. Puis, vinrent les deux pages portant des flambeaux ; ils précédaient une vierge de grande beauté qui approchait, portée sur un admirable siège d'or. En cette vierge, il me sembla reconnaître celle qui avait précédemment allumé puis éteint les lumières ; de même je crus reconnaître dans ses serviteurs ceux qui étaient de garde sous les arbres bordant la route. Elle ne portait plus sa robe bleue, mais sa tunique était étincelante, blanche comme la neige, ruisselante d'or, et d'un tel éclat que nous ne pouvions la regarder avec persistance. Les vêtements des deux pages étaient semblables ; toutefois leur éclat était moindre.

Dès que la vierge fut parvenue au centre de la salle, elle descendit de son siège et toutes les lumières s'abaissèrent comme pour la saluer. Nous nous levâmes tous aussitôt sans quitter notre place.

Elle s'inclina devant nous et après avoir reçu nos hommages, elle commença d'une voix adorable le discours suivant:

Le roi, mon gracieux seigneur,
Qui n'est plus très loin maintenant,
Ainsi que sa très chère fiancée,
Confiée à son honneur,
Ont vu avec une grande joie
Votre arrivée tantôt.
Ils honorent chacun de voua
De leur faveur, à tout instant,
Et souhaitent du fond du coeur
Que vous réussissiez à toute heure,
Afin qu'à la joie de leurs noces futures
Ne tût mêlée l'affliction d'aucun.

Puis elle s'inclina de nouveau avec courtoisie, ses lumières l'imitèrent et elle continua comme suit:

Vous savez par l'invitation
Que nul homme n'a été appelé ici
Qui n'eût reçu tous les dons précieux
De Dieu, depuis longtemps,
Et qui ne fût paré suffisamment

Comme cela convient en cette circonstance.
Mes maîtres ne veulent pas croire
Que quelqu'un pût être assez audacieux,
Vu les conditions si sévères,
De se présenter, à moins
Qu'il ne se fût préparé par leurs noces
Depuis de longues années.
Ils conservent donc bon espoir
Et vous destinent tous les biens, à tous ;
Ils se réjouissent de ce qu'en ces temps difficiles
Ils trouvent réunis ici tant de personnes.
Cependant les hommes sont si audacieux
Que leur grossièreté ne les retient pas.
Ils s'introduisent dans des lieux,
Où ils ne sont pas appelés.

Donc, pour que les fourbes ne puissent donner le change,
Pour qu'aucun imposteur ne se glisse parmi les autres, Et afin
qu'ils puissent célébrer bientôt, sans rien cacher :

Des noces pures,
On installera pour demain
La balance des *Artistes ;*
Alors chacun s'apercevra facilement
De ce qu'il a négligé d'acquérir chez lui.
Si quelqu'un dans cette foule, à présent
N'est pas sûr de lui entièrement,
Qu'il s'en aille vivement ;

Car s'il advient qu'il reste ici,
Toute grâce sera perdue pour lui.
Et demain il sera châtié.
Quant à ceux qui veulent sonder leur conscience,
Ils resteront aujourd'hui dans cette *salle*.
Ils seront libre& jusqu'à demain,
Mais qu'ils ne reviennent jamais ici.
Mais que celui qui est certain de son passé
Suive son serviteur
Qui lui montrera son appartement.
Qu'il s'y repose aujourd'hui
Dans l'attente de la balance et de la gloire.
Aux autres le sommeil apporterait mainte douleur ;
Qu'ils se contentent donc de rester ici
Car mieux vaudrait fuir
Que d'entreprendre ce qui dépasse les forces.
On espère que chacun agira pour le mieux.

Dès qu'elle eut terminé ce discours, elle s'inclina encore et reprit gaiement son siège ; aussitôt les trompettes sonnèrent de nouveau mais elles ne purent étouffer les soupirs anxieux de beaucoup. Puis les invisibles la reconduisirent ; cependant ça et là, quelques petites lumières demeurèrent dans la salle ; l'une d'elles vint même se placer derrière l'un de nous.

Il n'est pas aisé de dépeindre nos pensées et nos gestes, expressions de tant de sentiments contradictoires. Cependant la plupart des convives se décida enfin à tenter l'épreuve de la balance, puis, en cas d'échec de s'en aller de là en paix (ce qu'ils croyaient possible).

Ma décision fut bientôt prise ; comme ma conscience me démontrait mon inintelligence et mon indignité, je pris le parti de rester dans la salle avec les autres et de me contenter du repas auquel j'avais pris part, plutôt que de poursuivre et de m'exposer aux tourments et aux dangers à venir. Donc, après que quelques-uns eussent été conduits par leurs lumières dans leurs appartements (chacun dans le sien comme je l'ai su plus tard), nous restâmes au nombre de *neuf*, dont mon voisin de table, celui qui m'avait adressé la parole.

Une heure passa sans que notre lumière nous quittât ; alors l'un des pages déjà nommés arriva, chargé de gros paquets de cordes et nous demanda d'abord si nous étions décidés à rester là. Comme nous répondîmes affirmativement en soupirant, il conduisit chacun de nous à un endroit désigné, nous lia puis se retira avec notre petite lumière, nous laissant, pauvres abandonnés, dans la nuit profonde. C'est à ce moment surtout que l'angoisse étreignit plusieurs d'entre nous ; moi-même je ne pus empêcher mes larmes de couler. Accablés de douleur et d'affliction nous gardâmes un profond silence quoique personne ne nous eût défendu de converser. Par surcroît, les cordes étaient tressées avec un tel art que personne ne put les couper et moins encore les dénouer et les retirer de ses pieds. Je me consolais néanmoins en pensant qu'une juste rétribution et une grande honte attendaient beaucoup de ceux qui goûtaient le repos tandis qu'il nous était permis d'expier notre témérité en une seule nuit.

Enfin, malgré mes tourments je m'endormis, brisé par
la fatigue ; par contre la majeure partie de mes compagnons
ne put trouver de repos. Dans ce sommeil, j'eus un songe ;
quoiqu'il n'ait pas une signification importante je pense qu'il
n'est pas inutile de le rapporter.

Il me semblait que j'étais sur une montagne et que je
voyais s'étendre devant moi une large vallée. Une foule in-
nombrable était assemblée dans cette vallée, et chaque indi-
vidu était suspendu par un fil attaché sur sa tête ; ces fils par-
taient du ciel. Or, les uns étaient suspendus très haut, d'autres
très bas et plusieurs étaient sur la terre même. Dans les airs
volait un homme tenant des ciseaux à la main et coupant des
fils de-ci et de-là. Alors ceux qui étaient près du sol tombaient
sans bruit ; mais la chute des plus élevés fit trembler la terre.
Quelques-uns eurent la bonne fortune de voir le fil descendre
de sorte qu'ils touchèrent le sol avant qu'il ne fut coupé.

Ces chutes me mirent en gaieté ; quand je vis des pré-
somptueux, pleins d'ardeur pour assister aux noces, s'élancer
dans les airs, y planer un long moment, puis tomber honteusement en entraînant du même coup quelques voisins,
je me réjouis de tout mon coeur. Je fus heureux également
quand l'un des modestes qui s'était contenté de la terre fut
détaché sans bruit, de sorte que ses voisins même ne s'en
aperçurent point. Je goûtais ce spectacle avec le plus grand
contentement, quand un de mes compagnons me poussa si
maladroitement que je m'éveillai en sursaut, fort mécontent.
Je réfléchis cependant à mon songe et je le racontai à mon
frère qui était également couché près de moi. Il m'écouta

avec satisfaction et souhaita que cela fût l'heureux présage d'un secours.

C'est en nous entretenant de cet espoir que nous passâmes le reste de la nuit en appelant le jour de tous nos désirs.

COMMENTAIRE

Rendant hommage au Créateur en chantant ses louanges, notre héros traverse une forêt, puis une plaine. Fatigué d'une longue marche, il veut se reposer à l'ombre de trois beaux cèdres, mais un écriteau apposé sur l'un d'eux l'avertit que quatre chemins conduisent aux Noces du Roi, à l'expresse condition, toutefois, de ne pas s'écarter de celui que l'on a choisi. La première voie est courte mais périlleuse et pleine d'écueils difficiles à éviter ; l'autre qui les contourne est plane, et facile, à condition de suivre sa boussole et de ne se laisser entraîner ni à droite, ni à gauche. La voie royale est la troisième ; elle est rendue joyeuse par les divers agréments et spectacles qu'offre le Roi sur son cours, mais à peine un sur mille peut atteindre le but. Il ne saurait être question pour un homme de suivre la quatrième pour parvenir au Roi, car elle brûle, et ne convient qu'aux corps incorruptibles. Une fois en route, la voie doit être suivie jusqu'au bout et nul ne peut revenir en arrière...

Alors que Christian Rosencreutz hésite sur la route à suivre, celle-ci se trouve déterminée par la rencontre fortuite d'un corbeau avec la colombe à laquelle il jetait les miettes de son pain. Nous retrouverons plus loin cet antagonisme du blanc et du noir et nous en donnerons alors l'explication. Les deux oiseaux se poursuivant s'envolent vers le midi, direction dans laquelle les suit notre héros ! « Que celui qui veut devenir *savant* voyage vers le Midi, que celui qui veut devenir *riche* voyage vers le Septentrion ». (*Babha Bathra,* Fol. 5, Col. 2). Le mythe de la blanche colombe se retrouve en maints auteurs et on ne peut s'empêcher de songer à un passage de L'*Arcanum Hermeticae Philosophiae Opus* où D'Espagnet employant la même allégorie dit que l'entrée du Jardin des Hespérides est gardée par des bêtes féroces qu'on ne peut adoucir qu'avec les attributs de Diane et les colombes de Vénus. Philalèthe, dans son traité ; *Introitus apertus ad occlusum Regis palatium,* fait de fréquentes allusions à ces colombes, et ce sont encore ces gracieux oiseaux, que le doux Virgile nous décrit volants vers Énée, puis vers l'arbre double où il cueillera le rameau d'or qui doit lui permettre l'accès des Enfers et qu'il rapporte à l'antre de la Sibylle. Rappelons à ce propos que les enfers et tout l'Empire souterrain est soumis à Pluton qui est aussi le Dieu des Richesses.

Poursuivant maintenant la voie qu'il ne peut plus abandonner, l'invité aux noces de *Sponsus* et *Sponsa* nous dit que la violence du vent l'empêche de retourner sur ses pas chercher sa besace au pied de l'arbre où il s'était assis. Il se fut aisément consolé de sa situation en songeant à celle du premier jour, où le vent souffle avec tant de violence qu'il ébranle la montagne dans laquelle est creusé son abri. N'y a-t-il pas en effet écrit dans Job, XXXVII, Vers. 22 : « L'Or vient du côté de l'Aquilon et la louange que l'on donne à Dieu doit être accompagnée de tremblement ».

Au crépuscule, enfin, alors que les ténèbres commencent à se manifester, il franchit la première porte et laisse au gardien vêtu d'un habit bleu de ciel sa fiole d'eau. L'insigne d'or qu'il reçoit en échange porte seulement les lettres S. C. Nous pouvons les interpréter par le *Solve Coagula* qui est à la base de tout enseignement de la Philosophie hermétique. Entre cette première porte et la seconde, une vierge, également vêtue de bleu allume une lanterne, accrochée à un arbre sur trois. Alors que l'inscription que portait la première porte tendait à éloigner le profane, celle de la seconde entrée dit : « Donnez et il vous sera donné ». Un lion en garde l'entrée, et nous croyons devoir interpréter par *Solve Mercurio,* « Dissous par le Mercure », les lettres S. M. que porte l'insigne remis par le gardien à notre héros en échange de son sel.

Le sens alchimique de cet ouvrage transparaît d'autant moins que les termes de Mercure, Soufre, Sel, Azote, si en honneur dans la terminologie des Anciens, bien que leur signification change suivant chaque auteur, ne sont pas employés une seule fois dans les « Noces Chymiques ». Cette particularité méritait d'être signalée, car elle témoigne que l'Alchimie peut tort bien s'enseigner sans avoir recours aux signes bien connus correspondant aux sept planètes astrologiques. Il ne faut pas en inférer que le sens de ces signes soit négligeable ; bien loin de là, leur graphisme en effet, n'a rien d'arbitraire et n'est pas un simple hasard. Le mot hasard est d'ailleurs vide de sens pour tout occultiste sérieux, car tout s'enchaîne dans notre petit monde; chaque chose dépend de celles qui l'entourent, non seulement sur le plan matériel mais aussi et surtout sur les plans supérieurs dont la connaissance nous échappe faute de moyens suffisants de perception.

Selon la croyance ancienne, les métaux étaient divisés en deux catégories: les métaux colorés ou solaires, les métaux blancs ou lunaires. Chacune, de ces deux classes comportait des subdivisions en métaux parfaits, semiparfaits et imparfaits. Le cercle symbolisait la perfection des premiers, le demi-cercle appartenait à la semi-perfection, enfin la croix et le dard étaient les attributs de l'imperfection. L'Or considéré comme le premier des métaux solaires, par ses propriétés tant physiques que chimiques eut pour symbole de sa perfection le cercle seul ☉ mais pour le cuivre et le fer, on ajouta le symbole de l'imperfection, ♀, ♂. L'argent, métal lunaire semiparfait, fut caractérisé par le demi cercle ☽ dont dérivent avec le signe d'imperfection l'étain et le plomb ♃, ♄. Enfin le mercure considéré comme participant à la fois des deux natures, solaire et lunaire, et considéré comme métal imparfait, résumait ces marques distinctives en un cercle surmonté d'un demi cercle et additionné d'une croix ☿. Je recommande particulièrement aux inquisiteurs de Science cette admirable source de méditations; qu'ils ne tombent pas cependant dans le travers qui nous fait voir partout des symboles alchimiques! Par exemple: le signe d'Hermès reconstitué en juxtaposant le disque solaire des religions d'Extrême-Orient au croissant de l'Islam et à la croix chrétienne ☿, ou bien encore le même signe figuré dans les images de la Nativité par l'auréole de l'Enfant Jésus, le croissant des cornes du Boeuf et la croix du dos de l'Âne, qui le réchauffaient de leur souffle ☿, Jésus étant assimilé alors à l'Hermès divin, intermédiaire entre le monde matériel ou l'humanité, et les plans supraterrestres ou divins. Cependant, cette courte digression ne pouvant documenter suffisamment le lecteur studieux, je renvoie celui-ci à l'Ouvrage de Jean Dee, de Londres, intitulé : *La Monade Hiéroglyphique,* dont Grillot de Givry donna en 1925 une excellente traduction publiée par les soins de la Bibliothèque Chacornac.[43]

Revenons maintenant à notre Pèlerin qui franchit une troisième porte ; il en admire les figures obscures sans toutefois nous les décrire, tout au plus, fait-il mention de deux statues surmontant les colonnes de chaque côté de la porte. Le dualisme de ces colonnes (Jakin et Bohas) est trop connu pour que je m'y arrête. L'insigne qu'il reçoit alors porte les lettres S. P. N. Là encore, de multiples interprétations sont possibles, je n'en retiendrai que *Sal Pater Naturae* qui s'apparente ainsi aux multiples hypothèses et théories plaçant la Mer salée à l'origine de toutes choses.

Dès ce moment notre héros prend contact avec les êtres invisibles des plans supérieurs. Ils ne sont pas encore perceptibles à sa vue, cependant on le chausse de souliers neufs, et on le tonsure. Ce rite rappelle celui de l'Église catholique par lequel l'Évêque introduit un Laïc dans l'état ecclésiastique et

---

43   Jean DEE. *La Monade Hiéroglyphique.* Traduite du latin pour la première fois par GRILLOT DE GIVRY. Paris, 1925, in-8.

lui donne le premier degré de la cléricature en lui coupant en croix quatre mèches de cheveux Sur le sommet de la tête. Il le revêt ensuite du surplis, symbole de l'homme nouveau, créé pur et sain. Ici se place au sens alchimique une première purification de la matière première, qu'il faut bien se garder de confondre avec la première matière ; l'une sert à préparer l'autre par une sorte de putréfaction ainsi qu'opère la Nature.

Enfin, parvenu au Palais, notre héros, toujours humble, ne trouve qu'une petite place à la dernière table. Il est cependant assez bien placé pour entendre et apprécier les ridicules et extravagantes divagations de ses compagnons. Cet intermède comique où Roi, prince ou roturier cherche à donner à chacun des autres une haute idée de son degré d'évolution et d'initiation, soit en prétendant entendre bruire les Cieux, ou voir les idées platoniciennes, nous prépare à la déconvenue de certains, lors de l'épreuve des poids, au troisième jour.

Ce n'est pas en effet parmi les pierres les plus précieuses ou les plus rares que l'artiste fait son choix non plus que parmi les plus parfaites, puisque la pierre symbolisée par notre héros reconnaît bénévolement son imperfection ; il est encore sujet à l'envie et à la colère puisqu'il voit avec amertume combler d'honneur les gens insolents et légers. Au cours du concert qui suit le dîner, et dont l'Harmonie tient sous le charme Chr. Rosencreutz, apparaît une Vierge que nous avons déjà vue au *Premier jour* à l'heure du crépuscule allumant puis éteignant les lumières. Cette fois sa tunique est blanche comme la neige et d'un tel éclat que la vue le peut à peine soutenir. Nous re-

trouvons là un procédé fréquemment employé par les auteurs
de textes hermétiques où les qualités et perfections progres-
sives de la matière passent sans cesse d'un héros à l'autre de
la fiction pour mieux désemparer le lecteur qui se croit sur le
chemin d'un grand arcane.

La Vierge annonce en un discours rythmé l'installation
pour le lendemain de la balance des Artistes ; cette épreuve ne
manque point de fournir à notre héros une nouvelle preuve
de son humilité. Il reste en effet au nombre des 9 artistes qui
n'osent affronter les poids, et la nuit d'angoisse qu'il passe lui
apporte un rêve prémonitoire. J'en recommande la lecture
attentive car il peut recevoir plusieurs interprétations ; cependant je ne vois pas la possibilité d'en donner ici en langage
clair le sens alchimique, car comme il arrive à certains au
cours de ce deuxième jour un de nos serviteurs invisibles me
pourrait bailler un soufflet pour punir mon manque de dis-
crétion. Donc, j'arrête ici le commentaire du *Deuxième Jour.*

TROISIÈME JOUR

L e jour pointa. Dès que le soleil parut derrière la montagne pour accomplir sa tâche dans la hauteur du ciel, nos vaillants combattants commencèrent à sortir de leur lit et à se préparer peu à peu pour l'épreuve. Ils arrivèrent dans la salle, l'un après l'autre, se souhaitèrent mutuellement le bonjour et s'empressèrent de nous demander si nous avions bien dormi; en voyant nos liens beaucoup nous raillèrent; il leur semblait risible que nous nous fussions soumis par peur, plutôt que d'avoir osé à tout hasard, comme eux; toutefois, quelques-uns dont le cœur ne cessait de battre fort, se gardaient de les approuver. Nous nous excusâmes de notre inintelligence, en exprimant l'espoir qu'on nous laisserait bientôt partir libres et que cette raillerie nous servirait de leçon à l'avenir; puis nous leur fîmes remarquer qu'eux, par contre, n'étaient pas encore libres à coup sûr et qu'il se pourrait qu'ils eussent de grands dangers à surmonter.

Enfin, quand nous fûmes tous réunis, nous entendîmes comme la veille l'appel des trompettes et des tambours. Nous nous attendions à voir paraître le fiancé; mais quant à cela beaucoup ne l'ont jamais vu.

C'était encore la vierge d'hier, vêtue entièrement de velours rouge et ceinte d'un ruban blanc; une couronne verte de lauriers paraît admirablement son front. Sa suite était formée, non plus de lumières, mais d'environ deux cents hommes armés, tous vêtus de rouge et de blanc, comme elle. Se levant avec grâce, elle s'avança vers les prisonniers et, nous ayant salués, elle dit brièvement: « Mon maître sévère est satisfait de constater que quelques-uns parmi vous se sont rendus compte de leur misère; aussi en serez-vous récompensés ». Et lorsqu'elle me reconnut à mon habit elle rit et dit: « Toi aussi tu t'es soumis au joug? Et moi qui croyais que tu t'étais si bien préparé! ». Avec ces paroles elle me fit venir les larmes aux yeux.

Sur ce, elle fit délier nos cordes, puis elle ordonna de nous attacher deux par deux et de nous conduire à l'emplacement qui nous était réservé d'où nous pourrions facilement voir la balance; puis elle ajouta: « Il se pourrait que le sort de ceux-ci fût préférable à celui de plusieurs des audacieux qui sont encore libres ».

Cependant la balance, tout en or, fut suspendue au centre de la salle; à côté d'elle on disposa une petite table portant sept poids. Le premier était assez gros; sur ce poids on en avait posé quatre plus petits; enfin deux gros poids étaient placés à part. Relativement à leur volume, les poids étaient si lourds qu'aucun esprit humain ne pourrait le croire ou le comprendre.

Puis la vierge se tourna vers les hommes armés, dont chacun portait une corde à côté de son épée et les divisa en sept sections conformément au nombre des poids ; elle choisit un homme dans chaque section pour poser les poids sur la balance, puis elle retourna à son trône surélevé.

Aussitôt, s'étant inclinée elle prononça les paroles suivantes :

> Si quelqu'un pénètre dans l'atelier d'un peintre,
> Et sans rien comprendre à la peinture
> À la prétention d'en discourir avec emphase,
> Il est la risée de tous.

> Celui donc qui pénètre dans l'Ordre des Artistes
> Et, sans avoir été élu,
> Se vante de ses œuvres,
> Est la risée de tous.

> Aussi, ceux qui monteront sur la balance
> Sans peser autant que les poids,
> Et seront soulevés avec fracas
> Seront la risée de tous.

Dès que la vierge eut achevé, l'un des pages invita ceux qui devaient tenter l'épreuve à se placer suivant leur rang et à monter l'un après l'autre sur le plateau de la balance. Aussitôt l'un des empereurs vêtu d'un habit luxueux, se décida ; il s'inclina d'abord devant la vierge et monta. Alors chaque préposé posa son poids dans l'autre plateau et l'empereur résista à l'étonnement de tous. Toutefois le dernier poids fut trop lourd pour lui et le souleva, ce qui l'affligea au point que la vierge même parut en avoir pitié ; aussi fit-elle signe aux siens de se taire. Puis le bon empereur fut lié et remis à la sixième section.

Après lui vint un empereur qui se campa fièrement sur la balance ; comme il cachait un grand et gros livre sous son vêtement, il se croyait bien certain d'avoir le poids requis. Mais il compensa à peine le troisième poids et le suivant l'enleva sans miséricorde. Dans sa frayeur il laissa échapper son livre et tous les soldats se mirent à rire. Il fut donc lié et confié à la garde de la troisième section. Plusieurs empereurs lui succédèrent et eurent le même sort ; leur échec provoqua le rire et ils furent liés.

Après eux s'avança un empereur de petite taille, portant une barbiche brune et crépue. Après la révérence d'usage il monta également et fut trouvé tellement constant que l'on n'aurait sans doute pas pu le soulever avec plus de poids encore. Alors la vierge se leva vivement, s'inclina devant lui et lui fit mettre un vêtement de velours rouge ; elle lui donna en outre une branche de laurier, dont elle avait une provision à côté d'elle et le pria de s'asseoir sur les marches de son trône.

Il serait trop long de raconter comment se comportèrent les autres empereurs, les rois et les seigneurs, mais je ne dois pas omettre de relater que bien peu d'entre eux sont sortis victorieux de l'épreuve. Toutefois, contre mon attente, bien des vertus devinrent manifestes : ceux-ci résistèrent à tel ou tel poids ceux-là à deux, d'autres à trois, quatre ou cinq. Mais bien peu avaient la véritable perfection ; et tous ceux qui échouèrent furent la risée des soldats rouges.

Quand les nobles, les savants et autres eurent également subi l'épreuve, et que dans chaque état on eut trouvé tantôt un, tantôt deux justes, souvent aucun, ce fut le tour de messeigneurs les fourbes et des flatteurs, faiseurs de *Lapis Spitalauficus*. On les posa sur la balance avec de telles railleries que, malgré mon affliction, je faillis éclater de rire et que même les prisonniers ne purent s'en empêcher. Car à ceux-là, pour la plupart on n'accorda même pas un jugement sévère ; mais ils furent chassés de la balance à coups de fouet et conduits à leurs sections près des autres prisonniers.

De toute cette grande foule il subsista un si petit nombre que je rougirais de le révéler. Parmi les élus il y eut aussi des personnes haut placées mais les unes comme les autres furent honorées d'un vêtement de velours et d'une branche de laurier.

Quand tous eurent passé par cette épreuve sauf nous, pauvres chiens enchaînés deux par deux, un capitaine s'avança et dit ; « Madame, s'il plaisait à Votre Honneur, on pourrait peser ces pauvres gens qui avouent leur inaptitude, sans risque pour eux, mais pour notre plaisir seulement ; peut-être trouverait-on quelque juste parmi eux ».

Tout d'abord cette proposition ne laissa de me chagriner, car, dans ma peine, j'avais au moins la consolation de ne pas être exposé honteusement et chassé de la balance à coups de fouet. J'étais convaincu que beaucoup de ceux qui étaient prisonniers maintenant eussent préféré passer dix nuits dans la salle où nous avions couché que de subir un échec si pitoyable. Mais comme la vierge donna son assentiment il fallut bien se soumettre. Nous fûmes donc déliés et posés l'un après l'autre. Quoique mes compagnons échouassent le plus souvent, on leur épargna les sarcasmes et les coups de fouet et ils se rangèrent de côté, en paix.

Mon camarade passa le cinquième; il persista admirablement à la satisfaction de beaucoup d'entre nous et à la grande joie du capitaine qui avait proposé l'épreuve; il fut donc honoré par la vierge selon la coutume.

Les deux suivants étaient trop légers.

J'étais le huitième. Lorsque tout tremblant je pris place sur la balance, mon camarade, déjà vêtu de son habit de velours m'engagea d'un regard affectueux, et, même, la vierge eut un léger sourire. Je résistai à tous les poids; la vierge ordonna alors d'employer la force pour me soulever et trois hommes pesèrent encore sur l'autre plateau; ce fut en vain.

Aussitôt l'un des pages se leva et clama d'une voix éclatante:

« *C'est lui* ».

L'autre page répliqua: « Qu'il jouisse donc de sa liberté ». La vierge acquiesça, et, non seulement je fus reçu avec les cérémonies habituelles, mais, de plus, l'on m'autorisa à délivrer un des prisonniers à mon choix. Sans me plonger dans de longues réflexions, je choisis le premier des empereurs, dont l'échec me faisait pitié depuis longtemps. Il fut délié aussitôt et on le rangea près de nous en lui accordant tous les honneurs.

Au moment où le dernier prenait place sur la balance — dont les poids furent trop lourds pour lui —, la vierge aperçut les roses que j'avais détachées de mon chapeau et que je tenais à la main ; elle me fit la grâce de me les demander par son page et je les lui donnai avec joie.

C'est ainsi que le premier acte se termina à dix heures du matin ; sa fin fut marquée par une sonnerie de trompettes, invisibles pour nous à ce moment.

En attendant le jugement, les sections emmenèrent leurs prisonniers. Le conseil fut composé des cinq préposés et de nous-mêmes, et l'affaire fut exposée par la vierge faisant office de présidente ; puis on demanda à chacun son avis sur la punition à infliger aux prisonniers.

La première opinion émise fut de les punir tous de mort, les uns plus durement que les autres, attendu qu'ils avaient eu l'audace de se présenter malgré qu'ils connussent les conditions requises, clairement énoncées.

D'autres proposèrent de les retenir prisonniers. Mais ces propositions ne furent approuvées ni par la présidente ni par moi. Finalement on prit une décision conforme à l'avis émis par l'empereur que j'avais délivré, par un prince, par mon camarade et par moi : les premiers, seigneurs de rang élevé, seraient conduits discrètement hors du château ; les seconds seraient congédiés avec plus de mépris ; les suivants seraient déshabillés et mis dehors tout nus; les quatrièmes seraient fouettés par les verges ou chassés par les chiens; mais ceux qui avaient reconnu leur indignité et renoncé à l'épreuve hier soir, repartiraient sans punition. Enfin, les audacieux qui s'étaient conduits si honteusement au repas d'hier, seraient punis de prison ou de mort selon la gravité de leurs forfaits.

Cet avis eut l'assentiment de la vierge et fut accepté définitivement; on accorda en outre un repas aux prisonniers. On leur fit part aussitôt de cette faveur et le jugement fut fixé à douze heures de l'après-midi. Cette décision prise, l'assemblée se sépara.

La vierge se retira avec les siens dans sa retraite coutumière; on nous fit servir une collation sur la première table de la salle avec la prière de nous contenter de cela jusqu'à ce que l'affaire fût complètement terminée; ensuite on nous conduirait devant le saint fiancé et la fiancée, ce que nous apprîmes avec joie.

Cependant les prisonniers furent amenés dans la salle; on les plaça selon leur rang avec la recommandation de se conduire plus décemment qu'auparavant; mais cette exhortation était superflue car ils avaient perdu leur arrogance. Et je puis affirmer, non par flatterie, mais par amour de la vérité, que les personnes de rang élevé savaient en général mieux se résigner de cet échec inattendu, car, quoique assez dure, leur punition était juste. Les serviteurs leur restaient invisibles, tandis qu'ils étaient devenus visibles pour nous; cette constatation nous fut une grande joie.

Mais, quoique la fortune nous eût favorisés, nous ne nous estimions cependant pas supérieurs aux autres et nous les engagions à reprendre courage en leur disant qu'ils ne seraient pas traités trop durement. Ils auraient voulu connaître la sentence ; mais nous étions tenus au silence de sorte qu'aucun de nous ne pouvait les renseigner. Cependant nous les consolions de notre mieux et nous les invitions à boire avec nous dans l'espoir que le vin les égayerait.

Notre table était recouverte de velours rouge et les coupes étaient en or et argent ; ce qui ne laissait d'étonner et d'humilier les autres. Avant que nous eussions pris place à table, les deux pages vinrent présenter à chacun de nous, de la part du fiancé, une Toison d'or portant l'image d'un Lion volant, en nous priant de nous en parer pour le repas. Ils nous exhortèrent à maintenir dûment la réputation et la gloire de l'Ordre ; — Car S. M. nous conférait l'Ordre dès cet instant, et nous confirmerait bientôt cet honneur avec la solennité convenable. — Nous reçûmes la Toison avec le plus grand respect et nous nous engageâmes à exécuter fidèlement ce qu'il plairait à Sa Majesté de nous ordonner.

En outre, le page tenait la liste de nos demeures ; je ne chercherais pas à cacher la mienne si je ne craignais qu'on ne me taxât d'orgueil, péché, qui cependant ne peut surmonter l'épreuve du quatrième poids.

Or, comme nous étions traités d'une manière merveilleuse, nous demandâmes à l'un des pages s'il nous était permis de faire porter quelques aliments à nos amis prisonniers, et, comme il n'y avait aucun empêchement à cela, nous leur en fûmes porter abondamment par les serviteurs, toujours invisibles pour eux. Ils ignoraient donc, de ce fait, d'où leur venaient les aliments; c'est pourquoi je voulus en porter moi-même à l'un d'eux; mais aussitôt l'un des serviteurs qui se trouvaient derrière moi m'en dissuada amicalement. Il m'assura que si l'un des pages avait compris mon intention, le roi en serait informé et me punirait certainement; mais comme personne ne s'en était aperçu, sinon lui, il ne se trahirait point. Toutefois, il m'invita à mieux garder le secret de l'Ordre dorénavant. Et en me parlant ainsi, le serviteur me rejeta si violemment sur mon siège, que j'y restai comme brisé pendant longtemps. Néanmoins je le remerciai de son avertissement bienveillant, dans la mesure où mon trouble et mon effroi le permirent.

Bientôt les trompettes sonnèrent; comme nous avions remarqué que cette sonnerie annonçait la vierge, nous nous apprêtâmes à la recevoir. Elle apparut sur son trône, avec le cérémonial habituel, précédée de deux pages qui portaient, le premier une coupe en or, l'autre un parchemin. Elle se leva avec grâce, prit la coupe des mains du page et nous la remit par ordre du Roi afin que nous la fassions circuler en son honneur. Le couvercle de cette coupe représentait une Fortune exécutée avec un art parfait; elle tenait dans sa main un petit drapeau rouge déployé. Je bus; mais la vue de cette image me remplit de tristesse car j'avais éprouvé la perfidie de la fortune.

La vierge était parée, comme nous, de la Toison d'or et du Lion, je présumai donc qu'elle devait être la présidente de l'Ordre. Quand nous lui demandâmes le nom de cet Ordre, elle nous répondit, qu'elle ne nous le révélerait qu'après le jugement des prisonniers et l'exécution de la sentence; car leurs yeux étaient encore fermés pour la lumière de cette révélation, et les événements heureux qui nous étaient survenus ne pouvaient être pour eux que pierres d'achoppement et objets de scandale, quoique les faveurs que l'on nous avait accordées ne fussent rien en comparaison des honneurs qui nous étaient réservés.

Puis, des mains du second page, elle prit le parchemin; il était divisé en deux parties. S'adressant alors au premier groupe de prisonniers la vierge lut à peu près ce qui suit: Les prisonniers devaient confesser qu'ils avaient ajouté foi trop aisément aux enseignements mensongers des faux livres; qu'ils s'étaient cru beaucoup trop méritants; de sorte, qu'ils avaient osé se présenter dans ce palais où ils n'avaient jamais été conviés; que, peut-être, la plupart comptaient y trouver de quoi vivre ensuite avec plus de pompe et d'ostentation; en outre, qu'ils s'étaient excités mutuellement pour s'enfoncer dans cette honte et qu'ils méritaient une punition sévère pour tout cela. Et ils le confessèrent avec humilité et soumission. Puis le discours s'adressa plus durement aux prisonniers de la deuxième catégorie. Ils étaient convaincus en leur intérieur d'avoir composé de faux livres, trompé leur prochain et abaissé ainsi l'honneur royal aux yeux du monde. Ils n'ignoraient pas de quelles figures impies et trompeuses ils avaient fait usage. Ils n'avaient même pas épargné la *Trinité Divine;* bien plus, ils avaient tenté de s'en servir pour duper tout le monde. Mais maintenant les procédés qu'ils avaient employés pour tendra des pièges aux vrais convives pour leur substituer des insensés, étaient mis à découvert. En outre, nul n'ignorait qu'ils se plaisaient dans la prostitution, l'adultère, l'ivrognerie et autres vices qui sont tous contraires à l'ordre public de ce royaume. En somme, ils savaient qu'ils avaient abaissé, auprès des humbles, la Majesté Royale même ; ils devaient donc confesser qu'ils étaient des fourbes, des menteurs et des scélérats notoires, qu'ils méritaient d'être séparés des honnêtes gens et d'être punis sévèrement.

Nos gaillards ne convinrent pas volontiers de tout cela ; mais, comme la vierge les menaçait de mort, tandis que le premier groupe les accusait véhémentement et se plaignait d'une seule voix d'avoir été dupé par eux, ils finirent par avouer, pour échapper à de plus grands maux. Cependant ils prétendaient que l'on ne devait pas les traiter avec une rigueur excessive car les grands seigneurs, désireux d'entrer dans le château les avait alléchés par de belles promesses pour obtenir leur aide ; cela les avait amenés à ruser de mille manières pour happer l'appât, et, de fil en aiguille, ils avaient été entraînés jusque-là. Ainsi donc, à leur avis, *ils n'avaient pas démérité plus que les seigneurs,* parce qu'ils n'avaient pas réussi. Car les seigneurs auraient dû comprendre qu'ils ne se seraient pas exposés à de grands dangers en escaladant les murs avec eux, contre une faible rémunération, s'ils avaient pu entrer en toute sécurité. D'autre part, certains livres avaient été édités si fructueusement que ceux qui se trouvaient dans le besoin se crurent autorisés à exploiter cette source de bénéfices.

Ils espéraient donc que, si l'on voulait rendre un jugement équitable et, sur leur demande pressante, examiner leur cas avec soin, l'on chercherait en vain une action blâmable à leur charge, car ils avaient agi en serviteurs des seigneurs. — C'est avec de tels arguments qu'ils cherchaient à s'excuser.

Mais on leur répondit que Sa Majesté Royale était décidée à les punir tous, toutefois avec plus ou moins de sévérité ; car les raisons qu'ils invoquaient étaient, en effet, véridiques en partie, *c'est pourquoi les seigneurs ne resteraient point sans punition.* Mais ceux qui, de leur propre initiative avaient proposé leurs services, et ceux qui avaient circonvenu et entraîné des ignorants malgré leur volonté, devaient se préparer à mourir. Le même sort serait réservé à ceux qui avaient lésé Sa Majesté Royale par leurs mensonges, ce dont ils pouvaient se convaincre eux-mêmes par leurs écrits et leurs livres.

Alors ce furent des plaintes lamentables, des pleurs, des supplications, des prières et des prosternations, qui cependant demeurèrent sans effet. Et je fus étonné de voir que la vierge supporta cela si vaillamment, tandis que, pleins de commisération, nous ne pûmes retenir nos larmes, quoique beaucoup d'entre eux nous eussent infligé maints peines et tourments. Loin de s'attendrir elle fit chercher par son page tous les chevaliers qui s'étaient rangés près de la balance. On leur ordonna de s'emparer de leurs prisonniers et de les conduire en file dans le jardin, chaque soldat devait se placer à côté de son prisonnier. Je remarquai, non sans étonnement, avec quelle aisance chacun reconnut le sien. Ensuite mes compagnons de la nuit précédente furent autorisés à sortir librement dans le jardin pour assister à l'exécution de la sentence.

Dès qu'ils furent sortis, la vierge descendit de son trône et nous invita à nous asseoir sur les marches afin de paraître au jugement. Nous obéîmes sans tarder en abandonnant tout sur la table, hormis la coupe que la vierge confia à un page. Alors le trône se souleva tout entier et s'avança avec une telle douceur qu'il nous sembla planer dans l'air; nous arrivâmes ainsi dans le jardin et nous nous levâmes.

Le jardin ne présentait aucune particularité; toutefois les arbres avaient été distribués avec art et une source délicieuse y jaillissait d'une fontaine, décorée d'images merveilleuses, d'inscriptions et de signes étranges; j'en parlerai plus amplement dans le prochain livre s'il plaît à Dieu. Un amphithéâtre en bois orné d'admirables décors avait été dressé dans ce jardin. Il y avait quatre gradins superposés; le premier, d'un luxe plus resplendissant était masqué par un rideau en taffetas blanc; nous ignorions donc si quelqu'un s'y trouvait à ce moment. Le second était vide et à découvert; les deux derniers étaient de nouveau cachés à nos regards par des rideaux de taffetas rouge et bleu.

Lorsque nous fûmes près de cet édifice la vierge s'inclina très bas; nous en fûmes très impressionnés, car cela signifiait clairement que le Roi et la Reine n'étaient pas loin. Nous saluâmes donc également. Puis la vierge nous conduisit par l'escalier au second gradin, où elle prit la première place, les autres conservant leur ordre.

Je ne puis raconter à cause des méchantes langues, comment l'empereur que j'avais délivré se comporta envers moi, tant à cet endroit que précédemment à table ; car il se rendait facilement compte dans quels soucis et tourments il attendrait l'heure du jugement, tandis que maintenant, grâce à moi, il était parvenu à cette dignité.

Sur ces entrefaites, la vierge qui m'avait apporté jadis l'invitation et que je n'avais plus aperçu depuis, s'approcha de nous ; elle sonna de sa trompette et, d'une voix forte, elle ouvrit la séance par le discours suivant :

Sa Majesté Royale, Mon Seigneur, aurait désiré de tout son coeur que tous ici présents eussent parus seulement sur Son invitation, pourvus de qualités suffisantes, pour assister en grand nombre, en Son honneur, à la fête nuptiale. Mais, comme Dieu tout-puissant en avait disposé autrement. Sa Majesté ne devait pas murmurer, mais continuer à se conformer aux usages antiques et louables de ce royaume, quelque fussent les désirs de Sa Majesté. Mais, afin que Sa clémence naturelle soit célébrée dans le monde entier, Elle est parvenue, avec l'aide de Ses conseillers et des représentants du royaume, à mitiger sensiblement la sentence habituelle. Ainsi, Elle voulait, premièrement, que les seigneurs et gouvernants n'eussent pas seulement la vie sauve, mais même que la liberté leur fut rendue. Sa Majesté leur transmettait Sa prière amicale de se résigner sans aucune colère à ne pouvoir assister à la fête en Son honneur, de réfléchir que Dieu tout-puissant leur avait déjà confié sans cela une charge qu'ils étaient incapables de porter avec calme et soumission et que, d'ailleurs, le Tout-puissant partageait ses biens suivant une loi incompréhensible. De même, leur réputation ne serait pas atteinte par le fait d'avoir été exclus de notre Ordre, car il n'est pas donné à tous d'accomplir toutes choses. D'ailleurs les courtisans pervers qui les avaient trompés ne resteraient pas impunis. En outre, Sa Majesté était désireuse de leur communiquer sous peu un *Catalogue des Hérétiques* et un *Index expurgatorium,* afin qu'ils pussent discerner dorénavant le bien du mal avec plus de facilités. De plus, comme Sa Majesté avait l'intention d'opérer un classement dans leur bibliothèque et de sacrifier à Vulcain les écrits trompeurs, Elle les priait de lui prêter leur aide amicale à cet effet. Sa Majesté leur recommandait également de gouverner leurs sujets de manière à réprimer tout mal et toute impureté. Elle les exhortait de même à résister au désir de revenir inconsidérément, afin que l'excuse d'avoir été dupés ne fut reconnue comme mensongère et qu'ils ne fussent en butte à la risée et au mépris de tous. Enfin, si les soldats leur demandaient une rançon, Sa Majesté espérait que personne ne songerait à s'en plaindre et ne refuserait de se racheter soit avec une chaîne, soit avec tout autre objet qu'il aurait sous la main ; puis il leur serait loisible de prendre congé de nous, amicalement, et de s'en retourner vers les leurs, accompagnés de nos voeux.

Les seconds qui n'avaient pu résister aux poids, un, trois et quatre, n'en seraient pas quittes à si bon compte, mais afin que la clémence de Sa Majesté leur fut sensible également, leur punition serait d'être dévêtus entièrement et renvoyés ensuite.

Ceux qui avaient été plus légers que les poids deux et cinq, seraient dévêtus et marqués d'un, de deux ou de plusieurs stigmates suivant qu'ils avaient été plus ou moins lourds. Ceux qui avaient été soulevés par les poids six et sept et non par les autres, seraient traités avec moins de rigueur. Et ainsi de suite ; pour chacune des combinaisons une peine particulière était édictée. Il serait trop long de les énumérer toutes.

Les modestes, qui hier avaient renoncé à l'épreuve de leur plein gré seraient délivrés sans aucune punition.

Enfin, les fourbes qui n'avaient pu contrebalancer un seul poids seraient punis de mort par l'épée, la corde, l'eau ou les verges, suivant leurs crimes ; et l'exécution de cette sentence aurait lieu irrévocablement pour l'exemple des autres.

Alors notre vierge rompit le bâton ; puis la seconde vierge, celle qui avait lu la sentence, sonna de sa trompette et, s'approchant du rideau blanc, fit une profonde révérence.

Je ne puis omettre, ici, de révéler au lecteur, une particularité relative au nombre des prisonniers : Ceux qui pesaient un poids étaient au nombre de sept ; ceux qui en pesaient deux, au nombre de vingt et un ; pour trois poids il y en avait trente-cinq ; pour quatre, trente-cinq ; pour cinq, vingt et un ; et pour six, sept. Mais pour le poids sept, il n'y en avait qu'un seul qui avait été soulevé avec peine ; c'était celui que j'avais délivré ; ceux qui avaient été soulevés aisément étaient en grand nombre. Ceux qui avaient laissé descendre tous les poids à terre étaient moins nombreux.

Et c'est ainsi que j'ai pu les compter et les noter soigneusement sur ma tablette tandis qu'ils se présentaient un a un. Or, chose étrange, tous ceux qui avaient pesé quelque chose étaient dans des conditions différentes.

Ainsi ceux qui pesaient trois poids étaient bien au nombre de trente-cinq, mais l'un avait pesé 1, 2, 3, l'autre 3, 4, 5, le troisième 5, 6, 7 et ainsi de suite; de sorte, que par le plus grand miracle il n'y avait pas deux semblables parmi les cent vingt-six qui avaient pesé quelque chose; et je les nommerai bien tous, chacun avec ses poids si cela ne m'était défendu pour l'instant. Mais j'espère que ce secret sera révélé dans l'avenir avec son interprétation.

Après la lecture de cette sentence les seigneurs de la première catégorie exprimèrent une grande satisfaction, car, après cette épreuve rigoureuse, ils n'avaient osé espérer une punition aussi légère. Ils donnèrent plus encore que ce qu'on leur demanda et se rachetèrent avec des chaînes, des bijoux, de l'or, de l'argent, enfin tout ce qu'ils avaient sur eux.

Quoique l'on eût défendu aux serviteurs royaux de se moquer d'eux pendant leur départ, quelques railleurs ne purent réprimer le rire; et, en vérité, il était fort amusant de voir avec quelle hâte ils s'éloignèrent. Toutefois quelques-uns avaient demandé qu'on leur fît parvenir le catalogue promis afin qu'ils pussent faire le classement des livres selon le désir de Sa Majesté Royale, ce qu'on leur avait promis à nouveau. Sous le portail on présenta à chacun la coupe remplie de *breuvage d'oubli* afin qu'aucun ne fut tourmenté par le souvenir de ces incidents.

Ils furent suivis par ceux qui s'étaient rétractés avant l'épreuve; on laissa passer ces derniers sans encombre, à cause de leur franchise et de leur honnêteté; mais on leur ordonna de ne jamais revenir dans d'aussi déplorables conditions. Toutefois si une révélation plus profonde les y invitait, ils seraient, comme les autres, des convives bienvenus.

Pendant ce temps les prisonniers des catégories suivantes furent dévêtus; et là encore on faisait des distinctions, suivant les crimes de chacun. On renvoya les uns tout nus, sans autres punitions; à d'autres on attacha des sonnettes et des grelots; quelques autres encore furent chassés à coup de fouet. En somme leurs punitions furent trop variées pour que je pusse les relater toutes.

Enfin ce fut le tour des derniers; leur punition demandait plus de temps, car suivant le cas, ils furent ou pendus ou décapités, ou noyés ou encore expédiés différemment. Pendant ces exécutions je ne pus retenir mes larmes, non tant par pitié pour eux — en toute justice, ils avaient mérité leur punition pour leurs crimes, — mais j'étais ému par cet aveuglement humain qui nous amène sans cesse à nous préoccuper avant tout de ce en quoi nous avons été scellés depuis la chute première.

C'est ainsi que le jardin qui regorgeait de monde un instant auparavant se vida, au point qu'il ne resta guère que les soldats.

Après ces événements il se fit un silence qui dura cinq minutes. Alors une belle licorne, blanche comme la neige, portant un collier en or signé de quelques caractères, s'approcha de la fontaine, et, ployant ses jambes de devant, s'agenouilla comme si elle voulait honorer le lion qui se tenait debout sur la fontaine. Ce lion, qui en raison de son immobilité complète m'avait semblé en pierre ou en airain, saisit aussitôt une épée nue qu'il tenait sous ses griffes et la brisa au milieu ; je crois que les deux fragments tombèrent dans la fontaine. Puis il ne cessa de rugir jusqu'à ce qu'une colombe blanche, tenant un rameau d'olivier dans son bec, volât vers lui à tire d'ailes ; elle donna ce rameau au lion qui l'avala ce qui lui rendit de nouveau le calme. Alors, en quelques bonds joyeux la licorne revint à sa place.

Un instant après, notre vierge nous fit descendre du gradin par un escalier tournant et nous nous inclinâmes encore une fois devant la draperie ; puis on nous ordonna de nous verser de l'eau de la fontaine sur les mains et sur la tête et de rentrer dans nos rangs après cette ablution jusqu'à ce que le Roi se fût retiré dans ses appartements par un couloir secret. On nous ramena alors du jardin dans nos chambres, en grande pompe et au son des instruments, tandis que nous nous entretenions amicalement. Et cela eut lieu vers quatre heures de l'après-midi.

Afin de nous aider à passer le temps agréablement, la vierge ordonna que chacun de nous fût accompagné par un page. Ces pages, richement vêtus, étaient extrêmement instruits et discouraient sur toute chose avec tant d'art que nous avions honte de nous-mêmes. On leur avait donné l'ordre de nous faire visiter le château — certaines parties seulement — et de nous distraire en tenant compte de nos désirs autant que possible.

Puis la vierge prit congé de nous en nous promettant d'assister au repas du soir ; on célébrerait, aussitôt après, les cérémonies de la *Suspension des poids;* ensuite, il nous faudrait prendre patience jusqu'à demain, car demain seulement nous serions présentés au Roi.

Dès qu'elle nous eût quittés, chacun de nous chercha à s'occuper selon ses goûts. Les uns contemplèrent les belles inscriptions, les copièrent, et méditèrent sur la signification des caractères étranges ; d'autres se réconfortèrent en buvant et en mangeant. Quant à moi, je me fis conduire par mon page par-ci, par-là, dans le château et je me réjouirai toute ma vie d'avoir fait cette promenade. Car, sans parler de maintes antiquités admirables, on me montra les caveaux des rois, auprès desquels j'ai appris plus que ce qu'enseignent tous les livres. C'est là que se trouve le merveilleux phénix, sur lequel j'ai fait paraître un petit traité il y a deux ans. J'ai l'intention de continuer à publier des traités spéciaux conçus sur le même plan et comportant le même développement, sur le lion, l'aigle, le griffon, le faucon et autres sujets.

Je plains encore mes compagnons d'avoir négligé un trésor aussi précieux ; cependant tout me porte à croire que telle a été la volonté de Dieu. J'ai profité plus qu'eux de la compagnie de mon page, car les pages conduisaient chacun suivant ses tendances intellectuelles, aux endroits et par les voies qui lui convenaient. Or, c'est à mon page qu'on avait confié les clefs et c'est pour cette raison que je goûtai ce bonheur avant les autres. Mais maintenant, quoiqu'il les appelât, ils se figuraient que ces tombeaux ne pouvaient se trouver que dans des cimetières, et là ils les verraient toujours à temps — si toutefois cela en valait la peine. Pourtant ces *monuments*, dont nous avons pris tous deux une copie exacte, ne resteront point secrets à nos disciples méritants.

Ensuite nous visitâmes tous deux l'admirable bibliothèque ; elle était encore telle qu'elle avait existé avant la Réforme. Quoique mon coeur se réjouisse chaque fois que j'y pense, je n'en parlerai cependant point ; d'ailleurs le catalogue en paraîtra sous peu. Près de l'entrée de celte salle, l'on trouve un gros livre, comme je n'en avais jamais vu ; ce livre contient la reproduction de toutes les figures, salles et portes ainsi que des inscriptions et *énigmes* réunies dans le château entier. Mais quoique j'eusse commencé à divulguer ces secrets, je m'arrête là, car je ne dois en dire davantage, tant que le monde ne sera pas meilleur qu'il n'est.

Près de chaque livre je vis le portrait de son auteur ; j'ai cru comprendre que beaucoup de ces livres-là seront brûlés, afin que le souvenir même en disparaisse parmi les hommes de bien.

Quand nous eûmes terminé cette visite, sur le seuil même de la porte, un autre page arriva en courant ; il dit quelques mots tout bas à l'oreille de notre page, prit les clefs qu'il lui tendait et disparut par l'escalier. Voyant que notre page avait affreusement pâli, nous l'interrogeâmes et, comme nous insistâmes, il nous informa que Sa Majesté défendait que quiconque visitât ni la *bibliothèque* ni les tombeaux et il nous

supplia de garder cette visite absolument secrète, afin de lui
sauver la vie parce qu'il avait déjà nié notre passage dans ces
endroits. À ces mots nous fûmes saisis de frayeur et aussi
de joie; mais le secret en fut gardé strictement; personne
d'ailleurs ne s'en soucia, quoique nous eussions passé trois
heures dans les deux salles.

Sept heures venaient de sonner; cependant on ne nous
appela pas encore à table. Mais les distractions sans cesse re-
nouvelées nous faisaient oublier notre faim et à ce régime
je jeûnerais volontiers ma vie durant. En attendant le repas
on nous montra les fontaines, les mines et divers ateliers,
dont nous ne pourrions produire l'équivalent avec toutes nos
connaissances réunies. Partout les salles étaient disposées en
demi-cercle, de sorte que l'on pouvait observer facilement
l'Horloge précieuse établie au centre sur une tour élevée et se
conformer à la position des planètes qui s'y reproduisait avec
une précision admirable. Ceci nous montre à l'évidence par
où pèchent nos artistes; mais il ne m'appartient pas de les en
instruire.

Enfin je parvins à une salle spacieuse qui avait déjà été
visitée par les autres; elle renfermait un *Globe terrestre* dont
le diamètre mesurait trente pieds. Presque la moitié de cette
sphère était sous le sol à l'exception d'une petite bande entourée de marches. Ce *Globe* était mobile et deux hommes
le tournaient aisément de telle manière que l'on ne pouvait
jamais apercevoir que ce qui était au-dessus de *l'Horizon*.
Quoique j'eusse deviné qu'il devait être affecté à un usage
particulier, je n'arrivais cependant pas à comprendre la signi-

fication de certains petits anneaux en or qui y étaient fixés çà et là. Cela fit sourire mon page, qui m'invita à les regarder plus attentivement. À la fin je découvris que *ma patrie était marquée d'un anneau d'or;* alors mon compagnon y chercha la sienne et trouva une marque semblable, et, comme cette constatation se vérifia encore pour d'autres qui avaient réussi dans l'épreuve, le page nous donna l'explication suivante qu'il nous certifia être véridique.

Hier, le vieil *Atlante* — tel est le nom de *l'Astronome* — avait annoncé à Sa Majesté que tous les points d'or correspondaient très exactement aux pays que certains des convives avaient déclarés comme leur patrie. Il avait vu que je n'avais pas osé tenter l'épreuve, *tandis que ma patrie était cependant marquée d'un point;* alors il avait chargé l'un des capitaines de demander que l'on nous pesât à tout hasard, sans risques pour nous, et cela parce que la *patrie de l'un de nous se distinguait par un signe très remarquable.* Il ajouta qu'il était, parmi les pages, celui qui disposait du plus grand pouvoir et que ce n'était pas sans raison qu'il avait été mis à ma disposition. Je lui exprimai ma gratitude, puis j'examinai ma patrie de plus près encore et je constatai qu'à *côté de l'anneau il y avait encore quelques beaux rayons.* Ce n'est pas pour me vanter ou me glorifier que je relate ces faits.

Ce *globe* m'apprit encore bien des choses que toutefois je ne publierai pas. Que le lecteur tâche cependant de trouver pourquoi toutes les villes ne possèdent pas un *Philosophe.*

Ensuite on nous fit visiter l'intérieur du *Globe;* nous entrâmes de la manière suivante : Sur l'espace représentant la mer, qui prenait naturellement beaucoup de place, se trouvait une plaque portant trois dédicaces et le nom de *l'auteur*. Cette plaque se soulevait facilement et dégageait l'entrée par laquelle on pouvait pénétrer jusqu'au centre en abattant une planche mobile; il y avait de la place pour quatre personnes. Au centre, il n'y avait, en somme, qu'une planche ronde; mais quand on y était parvenu on pouvait contempler les étoiles en plein jour — toutefois à cet instant il faisait déjà sombre. — Je crois que c'étaient de pures escarboucles qui accomplissaient dans l'ordre leur cours naturel et ces étoiles resplendissaient avec une telle beauté que je ne pouvais plus me détacher de ce spectacle; plus tard le page raconta cela à la vierge qui me plaisanta maintes fois à ce sujet.

Mais l'heure du dîner était sonnée et je m'étais tellement attardé dans le *globe* que j'allais arriver le dernier à table. Je me hâtai donc de remettre mon habit — je l'avais ôté auparavant — et je m'avançai vers la table; mais les serviteurs me reçurent avec tant de révérences et de marques de respect que, tout confus, je n'osai lever les yeux. Je passai ainsi, sans prendre garde, à côté de la vierge qui m'attendait; elle s'aperçut aussitôt de mon trouble, me saisit par mon habit et me conduisit ainsi à table.

Je me dispense de parler ici de la musique et des autres splendeurs, car, non seulement les paroles me manquent pour les dépeindre comme il conviendrait, mais encore je ne saurais ajouter à la louange que j'en ai faite plus haut; en un mot il n'y avait là que les productions de l'art le plus sublime.

Pendant le repas nous nous fîmes part de nos occupations de l'après-midi — cependant je tus notre visite à la bibliothèque et aux monuments. — Quand le vin nous eût rendus communicatifs, la vierge prit la parole comme suit : « Chers seigneurs, en ce moment je suis en désaccord avec ma soeur. Nous avons un aigle dans notre appartement et chacune de nous deux voudrait être sa préférée ; nous avons eu de fréquentes discussions à ce sujet. Pour en finir, nous décidâmes dernièrement de nous montrer à lui toutes les deux ensemble et nous convînmes qu'il appartiendrait à celle à qui il témoignerait le plus d'amabilité. Quand nous réalisâmes ce projet je tenais à la main un rameau de laurier, suivant mon habitude, mais ma soeur n'en avait point. Dès que l'aigle nous eut aperçues, il tendit à ma soeur le rameau qu'il tenait dans son bec et réclama le mien en échange ; je le lui donnai. Alors chacune de nous voulut en conclure qu'elle était la préférée ; que faut-il en penser ? »

Cette question que la vierge nous posa par modestie, piqua notre curiosité et chacun aurait bien voulu en trouver la solution. Mais tous les regards se dirigèrent vers moi, et l'on me pria d'émettre mon avis le premier ; j'en fus tellement troublé que je ne pus répondre qu'en posant le même problème d'une manière différente et je dis :

« Madame, une seule difficulté s'oppose à la solution de la question qui serait facile à résoudre sans cela. J'avais deux compagnons qui m'étaient profondément attachés ; mais comme ils ignoraient auquel des deux j'accordais ma préférence, ils décidèrent de courir aussitôt vers moi, dans la conviction que celui que j'accueillerais le premier avait ma prédilection. Cependant, comme l'un d'eux ne pouvait suivre l'autre, il resta en arrière et pleura ; je reçus l'autre avec étonnement. Quand ils m'eurent expliqué le but de leur course, *je ne pus me déterminer à donner une solution à leur question et je dus remettre ma décision,* jusqu'à ce que je fusse éclairé sur mes propres sentiments ».

La vierge fut surprise de ma réponse ; elle comprit fort bien ce que je voulais dire et répliqua : « Eh bien ! nous sommes quittes ».

Puis elle demanda l'avis des autres. Mon récit les avait déjà éclairés ; celui qui me succéda parla donc ainsi :

« Dans ma ville une vierge fut condamnée à mort dernièrement ; mais comme son juge en eut pitié, il fit proclamer que celui qui voudrait entrer en lice pour elle, afin de prouver son innocence par un combat serait admis à faire cette preuve. Or elle avait deux galants, dont l'un s'arma aussitôt et se présenta dans le champ clos pour y attendre un adversaire. Bientôt après, l'autre y pénétra également ; mais comme il était arrivé trop tard, il prit le parti de combattre et de se laisser vaincre, afin que la vierge eût la vie sauve. Lorsque le combat fut terminé, ils réclamèrent la vierge tous les deux. Et dites-moi maintenant, messeigneurs, à qui la donnez-vous ? »

Alors la vierge ne put s'empêcher de dire : « Je croyais vous apprendre beaucoup et me voici prise à mon propre piège ; je voudrais cependant savoir si d'autres prendront la parole ? »

« Certes, » répondit un troisième. « Jamais on ne m'a raconté plus étonnante aventure que celle qui m'est arrivée.

Dans ma jeunesse, j'aimais une jeune fille honnête, et, pour que mon amour pût atteindre son but, je dus me servir du concours d'une petite vieille, grâce à laquelle je réussis finalement. Or, il advint que les frères de la jeune fille nous surprirent au moment où nous étions réunis tous les trois. Ils entrèrent dans une colère si violente qu'ils voulurent me tuer ; mais, à force de les supplier, ils me firent jurer enfin *de les prendre toutes les deux à tour de rôle comme femmes légitimes, chacune pendant un an. Dites-moi, messeigneurs par laquelle devais-je commencer, par la jeune ou par la vieille ?* »

Cette énigme nous fit rire longtemps ; et quoique l'on entendit chuchoter, personne ne voulut se prononcer.

Ensuite, le quatrième débuta comme suit :

« Dans une ville demeurait une honnête dame de la noblesse, qui était aimée de tous, mais particulièrement d'un jeune gentilhomme ; comme celui-ci devenait par trop pressant, elle crut s'en débarrasser en lui promettant d'accéder à son désir, s'il pouvait la conduire en plein hiver dans un beau jardin verdoyant, rempli de roses épanouies, et en lui enjoignant de ne plus reparaître devant elle jusque-là. Le gentilhomme parcourut le monde à la recherche d'un homme capable de produire ce miracle et rencontra finalement un petit vieillard qui lui en promit la réalisation en échange de la moitié de ses biens. L'accord s'étant fait sur ce point, le vieillard s'exécuta ; alors le galant invita la dame à venir dans son jardin. À l'encontre de son désir, celle-ci le trouva tout verdoyant, gai et agréablement tempéré et elle se souvint de sa promesse. Dès lors elle n'exprima que ce seul souhait, qu'on lui permît de retourner encore une fois près de son époux ; et lorsqu'elle l'eut rejoint elle lui confia son chagrin en pleurant et en soupirant. Or, le seigneur, entièrement rassuré sur les sentiments de fidélité de son épouse, la renvoya à son amant, estimant qu'à un tel prix il l'avait gagnée. Le gentilhomme fut tellement touché par cette droiture que, dans la crainte de pécher en prenant une honnête épouse, il la fit retourner près de son seigneur, en tout honneur. Mais, quand le petit vieillard connut la probité de tous deux, il résolut de rendre tous les biens au gentil-homme, tout pauvre qu'il était, et repartit. Et maintenant, chers seigneurs, j'ignore laquelle de ces personnes s'est montrée la plus honnête ».

Nous nous taisions, et la vierge, sans répondre davantage demanda qu'un autre voulût bien continuer.

Le cinquième continua donc comme suit :

« Chers seigneurs, je ne ferai point de grands discours. Qui est plus joyeux, celui qui contemple l'objet qu'il aime ou celui qui y pense seulement ? »

— « Celui qui le contemple » dit la vierge. — « Non, » répliquai-je. Et la discussion allait éclater lorsqu'un sixième prit la parole :

« Chers Seigneurs, je dois contracter une union. J'ai le choix entre une jeune fille, une mariée et une veuve ; aimez-moi à sortir d'embarras et je vous aiderai à résoudre la question précédente ».

Le septième répondit :

« Lorsqu'on a le choix c'est encore acceptable ; mais il en était autrement dans mon cas. Dans ma jeunesse, j'aimais

une belle et honnête jeune fille du fond de mon coeur et elle
me rendait mon amour; cependant nous ne pouvions nous
unir à cause d'obstacles élevés par ses amis. Elle fut donc donnée en mariage à un autre jeune homme, qui était également
droit et honnête. Il l'entoura d'affection jusqu'à ce qu'elle fit
ses couches; mais alors elle tomba dans un évanouissement
si profond que tout le monde la crut morte; et on l'enterra
au milieu d'une grande affliction. Je pensai alors, qu'après sa
mort je pouvais embrasser cette femme qui n'avait pu être
mienne durant sa vie. Je la déterrai donc à la tombée de la
nuit, avec l'aide de mon serviteur. Or, quand j'eus ouvert le
cercueil et que je l'eusse serrée dans mes bras, je m'aperçus que
son coeur battait encore, d'abord faiblement puis de plus en
plus fort au fur et à mesure que je la réchauffais. Lorsque j'eus
la certitude qu'elle vivait encore, je la portai subrepticement
chez moi; je ranimai son corps par un précieux bain d'herbes
et je la remis aux soins de ma mère. Elle mit au monde un
beau garçon,... que je fis soigner avec autant de conscience
que la mère. Deux jours après je lui racontai, à son grand
étonnement, ce qui avait eu lieu et je la priai de rester dorénavant chez moi comme mon épouse. Elle en eut un grand
chagrin, disant que son époux, qui l'avait toujours aimée fidèlement, en serait très affligé, mais que par ces événements,
l'amour la donnait autant à l'un qu'à l'autre. Rentrant d'un
voyage de deux jours, j'invitai son époux et je lui demandai
incidemment s'il ferait de nouveau bon accueil à son épouse
défunte si elle revenait. Quand il m'eut répondu affirmativement en pleurant amèrement, je lui amenai enfin sa femme

et son fils; je lui contai tout ce qui s'était passé et je la priai de ratifier par son consentement mon l'union avec elle. Après une longue dispute, il dut renoncer à contester mes droits sur la femme; nous nous querellâmes ensuite pour le fils ».

Ici la vierge intervint par ces paroles:

— « Je suis étonnée d'apprendre que vous ayez pu doubler l'affliction de cet homme. »

— « Comment, » répondit-il, « je n'étais donc pas dans mon droit ? »

Aussitôt une discussion s'éleva entre nous; la plupart étaient d'avis qu'il avait bien fait.

« Non, » dit-il, « je les lui ai donnés tous deux, et sa femme et son fils. Dites-moi, maintenant, chers seigneurs, la droiture de mon action fut-elle plus grande que la joie de l'époux ? »

Ces paroles plurent tellement à la vierge qu'elle fit circuler la coupe en l'honneur des deux.

Les énigmes proposées ensuite par les autres furent un peu plus embrouillées de sorte que je ne pus les retenir toutes; cependant je me souviens encore de l'histoire suivante racontée par l'un de mes compagnons: Quelques années auparavant un médecin lui avait acheté du bois dont il s'était chauffé pendant tout l'hiver; mais quand le printemps était revenu il lui avait revendu ce même bois de sorte qu'il en avait usé sans faire la moindre dépense.

— « Cela s'est fait par acte, sans doute ? » dit la vierge, « mais l'heure passe et nous voici arrivés à la fin du repas ».

— « En effet » répondit mon compagnon; « Que celui qui

ne trouve pas la solution de ces énigmes la fasse demander à chacun ; je ne pense pas qu'on la lui refusera ».

Puis on commença à dire le gratias et nous nous levâmes tous de table, plutôt rassasiés et gais que gavés d'aliments. Et nous souhaiterions volontiers que tous les banquets et festins se terminassent de cette manière.

Quand nous nous fûmes promenés un instant dans la salle, la vierge nous demanda si nous désirions assister au commencement des noces. L'un de nous répondit : « Oh oui, vierge noble et vertueuse ».

Alors, tout en conversant avec nous, elle dépêcha en secret un page. Elle était devenue si affable avec nous que j'osai lui demander son nom. La vierge ne se fâcha point de mon audace et répondit en souriant :

« Mon nom contient cinquante-cinq et n'a cependant que huit lettres ; la troisième est le tiers de la cinquième ; si elle s'ajoute à la sixième, elle forme un nombre, dont la racine est déjà plus grande de la première lettre que n'est la troisième elle-même, et qui est la moitié de la quatrième. La cinquième et la septième sont égales ; la dernière est, de même égale, à la première, et elles font avec la seconde autant que possède la sixième, qui n'a cependant que quatre de plus que ne possède la troisième trois fois. Et maintenant, seigneurs, quel est mon nom ? »

Ce problème me sembla bien difficile à résoudre ; cependant je ne m'en récusai pas et je demandai :

« Vierge noble et vertueuse, ne pourrais-je obtenir une seule lettre ? »

— « Mais certainement », dit-elle « cela est possible ».

— « Combien possède donc la septième » demandai-je.

— « Elle possède autant qu'il y a de seigneurs ici », répondit-elle. Cette réponse me satisfit et je trouvai aisément son nom. La vierge s'en montra très contente et nous) annonça que bien d'autres choses nous seraient révélées.

Mais voici que nous vîmes paraître plusieurs vierges magnifiquement vêtues ; elles étaient précédées de deux pages qui éclairaient leur marche. Le premier de ces pages nous montrait une figure joyeuse, des yeux clairs et ses formes étaient harmonieuses ; le second avait l'aspect irrité ; il fallait que toutes ses volontés se réalisent ainsi que je m'en aperçus par la suite. Ils étaient suivis, tout d'abord, par quatre vierges. La première baissait chastement les yeux et ses gestes dénotaient une profonde humilité. La deuxième était également une vierge chaste et pudique. La troisième eut un mouvement d'effroi en entrant dans la salle ; j'appris plus tard qu'elle ne peut rester là où il y a trop de joie. La quatrième nous apporta quelques fleurs, symboles de ses sentiments d'amour et d'abandon.

Ensuite nous vîmes deux autres vierges parées plus richement ; elles nous saluèrent. La première portait une robe toute bleue semée d'étoiles d'or ; la seconde était vêtue de vert avec des raies rouges et blanches ; toutes deux avaient dans leurs cheveux des rubans flottants qui leur seyaient admirablement.

Mais voici, toute seule, la septième vierge ; elle portait une petite couronne et, néanmoins ses regards allaient plus souvent vers le ciel que vers la terre. Nous crûmes qu'elle était la fiancée ; en cela nous étions loin de la vérité ; cependant elle était plus noble que la fiancée par les honneurs, la richesse et le rang. Ce fut elle qui, maintes fois, régla le cours entier des noces. Nous imitâmes notre vierge et nous nous prosternâmes au pied de cette reine malgré qu'elle se montrât très humble et pieuse, Elle tendit la main à chacun de nous tout en nous disant de ne point trop nous étonner de cette faveur car ce n'était-là qu'un de ses moindres dons. Elle nous exhorta à lever nos yeux vers notre Créateur, à reconnaître sa toute-puissance en tout ceci, à persévérer dans la voie où nous nous étions engagés et à employer ces dons à la gloire de Dieu et pour le bien des hommes. Ces paroles, si différentes de celles de notre vierge, encore un peu plus mondaine, m'allaient droit au coeur. Puis s'adressant à moi :

« Toi, » dit-elle, « tu as reçu plus que les autres, tâche donc de donner plus également ».

Ce sermon nous surprit beaucoup, car en voyant les vierges et les musiciens no su avions cru qu'on allait danser.

Cependant les poids dont nous parlions plus haut étaient encore à leur place ; la reine — j'ignore qui elle était — invita chaque vierge à prendre l'un des poids, puis elle donna le sien qui était le dernier et le plus lourd à notre vierge et nous ordonna de nous mettre à leur suite. C'est ainsi que notre gloire majestueuse se trouva un peu rabaissée ; car je m'aperçus facilement que notre vierge n'avait été que trop bonne pour nous et que nous n'inspirions point une si haute estime que nous commencions presque à nous l'imaginer.

Nous suivîmes donc en ordre et l'on nous conduisit dans une première salle. Là, notre vierge suspendit le poids de la reine le premier, tandis qu'on chanta un beau cantique. Dans cette salle, il n'y avait de précieux que quelques beaux livres de prières qu'il nous était impossible d'atteindre. Au milieu de la salle se trouvait un prie-Dieu ; la reine s'y agenouilla et nous nous prosternâmes tous autour d'elle et répétâmes la prière que la vierge lisait dans l'un des livres ; nous demandâmes avec ferveur que ces noces s'accomplissent à la gloire de Dieu et pour notre bien.

Ensuite nous parvînmes à la seconde salle, où la première vierge suspendit à son tour le poids qu'elle portait ; et ainsi de suite, jusqu'à ce que toutes les cérémonies fussent accomplies. Alors la reine tendit de nouveau la main à chacun de nous et se retira accompagnée de ses vierges.

Notre présidente resta encore un instant parmi nous ; mais comme il était presque deux heures de la nuit elle ne voulut pas nous retenir plus longtemps ; — j'ai cru remarquer à ce moment qu'elle se plaisait en notre société. — Elle nous souhaita donc une bonne nuit, nous engagea à dormir tranquilles et se sépara ainsi de nous amicalement, presque à contrecoeur.

Nos pages, qui avaient reçu des ordres, nous conduisirent dans nos chambres respectives, et afin que nous puissions nous faire servir en cas de besoin, notre page reposait dans un second lit installé dans la même chambre. Je ne sais comment étaient les chambres de mes compagnons, mais la mienne était meublée royalement et garnie de tapis et de tableaux merveilleux. Cependant je préférais à tout cela la compagnie de mon page qui était si éloquent et si versé dans les arts que je pris plaisir à l'écouter pendant une heure encore, de sorte que je ne m'endormis que vers trois heures et demie.

Ce fut ma première nuit tranquille ; cependant un rêve importun ne me laissait pas jouir du repos tout à mon aise, car toute la nuit je m'acharnais sur une porte que je ne pouvais ouvrir, finalement j'y réussis. Ces fantaisies troublèrent mon sommeil jusqu'à ce que le jour m'éveillât enfin.

COMMENTAIRE

Ce *Troisième Jour* est illustré par l'épreuve des poids et le texte de tout l'ensemble doit retenir l'attention du lecteur. Qu'il tire, au passage, quelques interprétations utiles dans les couleurs du vêtement de la vierge : velours rouge, rubans blancs, couronne verte de lauriers. Ces lauriers qui reviendront si souvent dans la suite du récit méritent que l'on en souligne le sens hermétique. Ce laurier n'est autre que Daphné, fille de la Terre et du fleuve Poené, qui fut métamorphosée en laurier pour être soustraite aux brûlantes poursuites d'Apollon. L'esprit divin du laurier dont les feuilles excitent le délire prophétique, est intimement lié au culte d'Apollon, d'ailleurs le Palais où notre héros est hébergé n'est-il point appelé en maints endroits « La Maison Solaire » ?

Lorsque la balance d'or est en place, on dispose une petite table dans son voisinage. Celle-ci porte sept poids pour peser les mérites des candidats. Le nombre de ces poids peut s'entendre de maintes façons. S'il rappelle le nombre des jours consacrés aux Noces Chymiques ainsi que les sept étages de la Tour ou s'accomplit l'Œuvre de résurrection du Roi et de la Reine, on peut aussi attribuer à chacun des poids un des sept péchés capitaux pour mesurer la vertu de chaque aspirant. Il serait puéril d'évoquer ici les sept couleurs du spectre solaire, les sept notes de la gamme, les sept planètes auxquelles les sept jours de la semaine *(septimania)* empruntent leur nom. Ce nombre, que Pythagore appelait vierge, est l'expression du temps critique correspondant aux périodes de développement. Le symbolisme des sept jours de la Genèse, du Sepher Ietzirah, est extrêmement remarquable. Dieu, étant parfait par essence du seul fait qu'il est Dieu, ne peut accomplir que des choses parfaites, pleines de rythmes et d'harmonie, pour ceux qui en jouissent. N'y a-t-il point une perfection manifestée dans le rapport entre le rayon du cercle et le côté de l'hexagone qu'on lui inscrit? Le centre du cercle est le point de parfait équilibre ou Il existe en puissance. Il se manifesta six fois à intervalles égaux, du centre à la circonférence et ce turent les six jours? de la Création. Voyant que l'Œuvre était parfaite. Il se replia sur lui-même et au septième jour, jour du repos, la Puissance créatrice a rejoint le centre du cercle sur lequel s'était exercée son action. Cette digression nous éloigne du sujet et sans espoir de ménager une transition habile, j'insiste encore sur le sens occulte du mot שׁבע (Scheba) qui dans la langue hébraïque signifie sept et en même temps, « faire serment ». Il est aisé d'en dégager le double sens, car d'une part, l'adepte sera admis après serment aux cérémonies qui suivent; mais en hébreu גׁשׁת ou shabbath signifie aussi « le repos de Dieu ».

Notre héros est soumis le huitième de ses neuf camarades à l'épreuve de la balance d'or, et il résiste à tous les poids. L'arcane huitième des Tarots représente la Justice tenant en mains sa balance d'or. Elle symbolise l'équilibre et l'harmonie. Les serviteurs deviennent visibles pour ceux qui sont sortis victorieux de l'épreuve, alors qu'ils ne le sont toujours pas aux prisonniers. Ceci semble impliquer que leurs yeux se sont ouverts, du fait de l'Initiation, à la perception des créatures du plan supra terrestre? Je le crois, et ces serviteurs, que nous les appelions Anges gardiens ou Génies Tutélaires n'en existent pas moins bien que nous ne les puissions percevoir. C'est à eux que nos artistes doivent l'inspiration et le génie car dans le fond, nous ne sommes que de misérables petits transformateurs entre les mains de sublimes électriciens qui se servent de nous pour matérialiser l'influx céleste et conduire la ronde de ce que nous nommons Progrès, suivant un rythme éternel.

Ce soir-là, chaque invité reçut de la part de *Sponsus* une Toison d'or ornée d'un Lion volant; suivant le sens alchimique, ce passage nous convie à rendre volatil ce qui est fixe, et ici se cache un des secrets majeurs du début de l'Œuvre.

Passons sur le procès des prisonniers qui avaient écrit des fourberies et trompé leur prochain, nous n'en devons retenir que la Science hermétique n'a point besoin de Livres pour être enseignée et que la Connaissance vient toujours à celui qui la désire comme le fer vient à l'aimant. Quelques pages plus loin, Sa Majesté leur promet un catalogue des hérétiques et un Index Expurgatorium. Il faut en effet que les Puissants mettent les faibles en garde contre la littérature spéciale qui puise ses moyens dans la compilation de mauvais auteurs, la fourberie et l'exploitation de la crédulité, en un mot, contre les caco-chymistes. Le passage où sont détaillés les poids, des 126 prisonniers représentant neuf fois deux séries mérite que l'étudiant réfléchisse. Leur dénombrement donne la suite des nombres : 7-21-35-35-21-7-1, soit 7x1, 7x3, 7x5. Que celui qui veut comprendre cherche, et réfléchisse à ce que nous avons dit plus loin.

Les différentes peines appliquées aux imposteurs n'ont à nos yeux qu'une importance très secondaire, mais il n'en est pas de même des épisodes suivants, notamment de la scène entre le Lion et la Licorne, celle du globe terrestre du vieil Atlas, des sept propositions énigmatiques, et le nom de la vierge, qui guide les convives. La Licorne symbole de pureté ne pouvait, selon la tradition du Moyen Âge, ne se soumettre qu'à une Vierge et sa corne était noire, blanche, et rouge, trois couleurs traditionnelles de l'Œuvre. Le Lion qu'elle honore en s'agenouillant est la matière vierge et l'épée nue qu'il brise en deux fragments évoque le glaive de Mars ou d'Arès. Ces fragments tombent dans la fontaine et une colombe blanche calme le Lion en lui apportant un rameau d'olivier. Tout le grand Œuvre est inclus dans cette courte allégorie. Ceux qui déjà en ont pénétré les arcanes, me comprennent. Il m'est défendu de parler pour les autres, mais je ne doute point que par le travail ils n'arrivent à la Connaissance, je ne puis qu'éclairer la route et non les prendre par la main. Pour satisfaire toutefois, la curiosité des inquisiteurs de Science, je dirai que le globe du Vieil Atlas et les anneaux d'or marquant la patrie des élus n'était rien moins qu'une admirable carte minéralogique. Voici pourquoi l'Auteur écrit « Que le Lecteur tâche cependant de trouver pourquoi toutes les villes ne possèdent pas un philosophe ! » On ne peut, évidemment, trouver partout la matière première.

Les Énigmes proposées au repas du soir sont remarquables par leur parallélisme. S'il est vain d'en chercher la solution, soulignons cependant dans la première l'aigle sollicité par l'affection de deux vierges ; dans la seconde l'homme dont deux amis recherchent la préférence ; dans la troisième, une jeune fille dont deux galants se disputent les faveurs. La quatrième présente un homme contraint de partager son existence entre une jeune fille et une vieille femme ; l'autre nous montre une jeune dame dont le mari et l'amant font assaut de politesses. Les questions posées dans la suite ne sont là que pour embrouiller les précédentes. Nous retrouvons partout deux principes antagonistes poursuivant le même objet, et ceci nous semble assez éloquent par soi-même.

L'énigme du nom de la Vierge présente une particularité c'est que la clef qu'en donne la vierge en disant que la septième lettre possède autant qu'il y a de seigneurs présents ne peut rien nous dire car rien dans les textes précédents nous autorise à inférer le nombre exact des élus ! Cependant je ne dirai pas trop en disant que les huit lettres qui composent son nom doivent être : « HARMONIE ». Rappelons ici ce que

Michel Maïer enseigne dans l'*Arcana Arcaniss.* 1-3. Si l'on met la Vénus des Philosophes avec Mars dans un lit ou un vase propre à cet effet, et qu'on les lie d'une chaîne invisible c'est-à-dire aérienne il en naîtra une fille très belle appelée *Harmonie* parce qu'elle sera composée harmoniquement c'est-à-dire parfaite en poids et mesures philosophiques. Voici un excellent exercice pour les apprentis Cabalistes ! La cérémonie de la remise en place des poids n'offre rien de particulier hors la couleur des vêtements des Vierges qui président la Cérémonie. De même pour le rêve du héros qui réussit à ouvrir la porte contre laquelle il s'acharnait. Sans doute est-ce celle de la Connaissance comme il semble être dit dans le récit du *Quatrième Jour.* Ici s'arrête le commentaire du *Troisième.*

QUATRIÈME JOUR

J e reposais encore sur ma couche en regardant tranquillement les tableaux et les statues admirables quand j'entendis soudain les accords de la musique et le son du triangle ; on aurait cru que la procession était déjà en marche. Alors mon page sauta de son lit comme un fou, avec un visage si bouleversé qu'il ressemblait bien plus à un mort qu'à un vivant. Qu'on s'imagine mon désarroi lorsqu'il me dit qu'à l'instant même mes compagnons étaient présentés au Roi. Je ne pus que pleurer à chaudes larmes et maudire ma propre paresse, tout en m'habillant à la hâte. Cependant mon page fut prêt bien avant moi et sortit de l'appartement en courant pour voir où en étaient les choses. Il revint bientôt avec l'heureuse nouvelle que rien n'était perdu, que j'avais seulement manqué le déjeuner parce qu'on n'avait pas voulu me réveiller à cause de mon grand âge, mais qu'il était temps de le suivre à la fontaine où mes compagnons étaient déjà assemblés pour la plupart. À cette nouvelle je repris mon calme ; j'eus donc bientôt achevé ma toilette et je suivis mon page à la fontaine.

Après les salutations d'usage, la vierge me plaisanta de ma paresse et me conduisit par la main à la fontaine. Alors je constatai qu'au lieu de son épée, le lion tenait une grande dalle gravée. Je l'examinais avec soin et je découvris qu'elle avait été prise parmi les monuments antiques et placée ici pour cette circonstance. La gravure était un peu effacée à cause de son ancienneté ; je la reproduis ici exactement pour que chacun puisse y réfléchir.

PRINCE HERMÈS,
APRÈS TOUT LE DOMMAGE
FAIT AU GENRE HUMAIN,
RÉSOLU PAR DIEU :
PAR LE SECOURS DE L'ART,
JE SUIS DEVENU REMÈDE SALUBRE ;
JE COULE ICI.

Boive qui peut de mes eaux ; s'en lave qui veut ; les trouble qui l'ose.

BUVEZ, FRÈRES, ET VIVEZ. [44]

---

44   *Hermes Princeps posr tot illata generi humano damna, Dei consilio: Artisque adminicumo, medicina salubris factus; heic fluo. Bibat ex me qui potest; lavet qui vult; bibite Fratres, et vivite.*

Cette inscription était donc facile à lire et à comprendre ; aussi l'avait-on placée ici, parce qu'elle était plus aisée à déchiffrer qu'aucune autre.

Après nous être lavés d'abord à cette fontaine, nous bûmes dans une coupe tout en or. Puis nous retournâmes avec la vierge dans la salle pour y revêtir des habits neufs. Ces habits avaient des parements dorés et brodée de fleurs ; en outre chacun reçut une deuxième Toison d'or garnie de brillants, et de toutes ces Toisons se dégageaient des influences selon leur puissance opérante particulière. Une lourde médaille en or y était fixée ; sur la face on voyait le soleil et la lune face à face ; le revers portait ces mots : Le rayonnement de la Lune égalera le rayonnement du Soleil ; et le rayonnement du Soleil deviendra sept fois plus éclatant. Nos anciens ornements furent déposés dans des cassettes et confiés à la garde de l'un des serviteurs. Puis notre vierge nous fit sortir dans l'ordre.

Devant la porte les musiciens habillés de velours rouge à bordure blanche nous attendaient déjà. On ouvrit alors une porte — que j'avais toujours vue fermée auparavant, — donnant sur l'escalier du Roi.

La vierge nous fit entrer avec les musiciens et monter trois cent soixante-cinq marches. Dans cet escalier de précieux travaux artistiques étaient réunis ; plus nous montions plus les décorations étaient admirables ; nous atteignîmes enfin une salle voûtée embellie de fresques.

Les soixante vierges, toutes vêtues richement, nous y attendaient ; elles s'inclinèrent à notre approche et nous leur rendîmes leur salut du mieux que nous pûmes ; puis on congédia les musiciens qui durent redescendre l'escalier.

Alors, au son d'une petite clochette, une belle vierge parut et donna une couronne de laurier à chacun de nous ; mais à notre vierge elle en remit une branche. Puis un rideau se souleva et j'aperçus le Roi et la Reine. Quelle n'était la splendeur de leur majesté ! Si je ne m'étais souvenu des sages conseils de la reine d'hier, je n'aurais pu m'empêcher, débordant d'enthousiasme, de comparer au ciel cette gloire indicible. Certes, la salle resplendissait d'or et de pierreries ; mais le Roi et la Reine étaient tels que mes yeux ne pouvaient soutenir leur éclat. J'avais contemplé, jusqu'à ce jour, bien des choses admirables, mais ici les merveilles se surpassaient les unes les autres, telles les étoiles du ciel.

Or, la vierge s'étant approchée, chacune de ses compagnes prit l'un de nous par la main et nous présenta au Roi avec une profonde révérence ; puis la vierge parla comme suit :

« En l'honneur de Vos Majestés Royales, Très Gracieux Roi et Reine, les seigneurs ici présents ont affronté la mort pour parvenir jusqu'à Vous. Vos Majestés s'en réjouiront à bon droit car, pour la plupart, ils sont qualifiés pour agrandir le royaume et le domaine de Vos Majestés, comme Elles pourront s'en assurer en éprouvant chacun. Je voudrais donc les présenter très respectueusement à Vos Majestés, avec l'humble prière de me tenir quitte de ma mission et de bien vouloir prendre connaissance de la manière dont je l'ai accompli, en interrogeant chacun ». Puis elle déposa sa branche de laurier.

Maintenant, il aurait été convenable que l'un de nous dise aussi quelques mots. Mais comme nous étions tous trop émus pour prendre la parole, le vieil Atlas finit par s'avancer et dit au nom du Roi :

« Sa Majesté Royale se réjouit de votre arrivée et vous accorde sa grâce royale, à vous tous réunis ainsi qu'à chacun en particulier. Elle est également très satisfaite de l'accomplissement de ta mission, chère vierge, et, comme récompense, il te sera réservé un don du Roi. Sa Majesté pense cependant que tu devrais les guider aujourd'hui encore car ils ne peuvent avoir qu'une grande confiance en toi ».

La vierge reprit donc humblement la branche de laurier et nous nous retirâmes pour la première fois, accompagnés par nos vierges.

La salle était rectangulaire à l'avant, cinq fois aussi large que longue, mais, au bout elle prenait la forme d'un hémicycle, complétant ainsi, en plan, l'image d'un porche ; dans l'hémicycle, on avait disposé suivant la circonférence du cercle trois admirables sièges royaux ; celui du milieu était un peu surélevé.

Le premier siège était occupé par un vieux roi à barbe grise, dont l'épouse était par contre très jeune et admirablement belle.

Un roi noir, dans la force de l'âge était assis sur le troisième siège ; à son côté on voyait une vieille petite mère, non couronnée, mais voilée. Le siège du milieu était occupé par deux adolescents ; ils étaient couronnés de lauriers et au-dessus d'eux était suspendu un grand et précieux diadème. Ils n'étaient pas aussi beaux à ce moment que je me l'imaginais, mais ce n'était pas sans raison.

Plusieurs hommes, des vieillards pour la plupart, avaient pris place derrière eux sur un banc circulaire. Or, chose surprenante, aucun d'eux ne portait d'épée ni d'autre arme ; en outre je ne vis point de garde du corps, sinon quelques vierges qui avaient été parmi nous hier et qui s'étaient placées le long des deux bas-côtés aboutissant à l'hémicycle.

Je ne puis omettre ceci : Le petit Cupidon y voletait. La grande couronne exerçait un attrait particulier sur lui ; on l'y voyait voltiger et tournoyer de préférence. Parfois il s'installait entre les deux amants, en leur montrant son arc en souriant ; quelquefois même il faisait le geste de vous viser avec cet arc ; enfin ce petit dieu était si malicieux qu'il ne ménageait même pas les petits oiseaux qui volaient nombreux dans la salle, mais il les tourmentait chaque fois qu'il le pouvait. Il faisait la joie et la distraction des vierges ; quand elles pouvaient le saisir il ne s'échappait pas sans peine. Ainsi toute réjouissance et tout plaisir venaient de cet enfant.

Devant la Reine se trouvait un autel de dimensions restreintes mais d'une beauté incomparable ; sur cet autel un livre couvert de velours noir rehaussé de quelques ornements en or très simples ; à côté une petite lumière dans un flambeau d'ivoire. Cette lumière quoique toute petite brûlait, sans s'éteindre jamais, d'une flamme tellement immobile que nous ne l'eussions point reconnu pour un feu si l'espiègle Cupidon n'avait soufflé dessus de temps en temps. Près du flambeau se trouvait une sphère céleste, tournant autour de son axe ; puis une petite horloge à sonnerie près d'une minuscule fontaine en cristal, d'où coulait à jet continu une eau limpide couleur rouge sang. À côté, une tête de mort, refuge d'un serpent blanc, tellement long que malgré qu'il fit le tour des autres objets, sa queue était encore engagée dans l'un des yeux, alors que sa tête rentrait dans l'autre. Il ne sortait donc jamais complètement de la tête de mort, mais quand Cupidon s'avisait à le pincer, il y rentrait avec une vitesse stupéfiante.

En outre de ce petit autel, on remarquait ça et là dans la salle des images merveilleuses, qui se mouvaient comme si elles étaient vivantes avec une fantaisie tellement étonnante qu'il m'est impossible de la dépeindre ici. Ainsi, au moment où nous sortions un *chant* tellement suave s'éleva dans la salle que je ne saurais dire s'il s'élevait du choeur des vierges qui y étaient restées ou des images mêmes.

Nous quittâmes donc la salle avec nos vierges, heureux et ; satisfaits de cette réception ; nos musiciens nous attendaient sur le palier et nous descendîmes en leur compagnie ; derrière nous la porte fut fermée et verrouillée avec soin.

Quand nous fûmes de retour dans notre salle, l'une des vierges s'exclama :

« Ma soeur, je suis étonnée que tu aies osé te mêler à tant de monde ».

— « Chère soeur », répondit notre présidente, « celui-ci m'a fait plus de peur qu'aucun autre ».

Et ce disant elle me désigna. Ces paroles me firent de la peine car je compris qu'elle se moquait de mon âge ; j'étais en effet le plus âgé. Mais elle ne tarda pas à me consoler avec la promesse de me débarrasser de cette infirmité à condition de rester dans ses bonnes grâces.

Puis le repas fut servi et chacun prit place à côté de l'une des vierges dont la conversation instructive absorba toute notre attention ; mais je ne puis trahir les sujets de leurs causeries et de leurs distractions. Les questions de la plupart de mes compagnons avaient trait aux arts ; j'en conclus donc que les occupations favorites de tous, tant jeunes que vieux, se rattachaient à l'art. Mais moi, j'étais obsédé par la pensée de pouvoir redevenir jeune et j'étais un peu plus triste à cause de cela. La vierge s'en aperçut fort bien et s'écria :

« Je sais bien ce qui manque à ce jouvenceau. Que gagez-vous qu'il sera plus gai demain, si je couche avec lui la nuit prochaine ? »

À ces mots elles partirent d'un éclat de rire et quoique le rouge me montât au vidage, je dus rire moi-même de ma propre infortune. Mais l'un de mes compagnons se chargea de venger cette offense et dit :

« J'espère que non seulement les convives, mais aussi tes vierges ici présentes ne refuseront pas de témoigner pour notre frère et certifieront que notre présidente lui a formellement promis de partager sa couche cette nuit ».

Cette réponse me remplit d'aise ; la vierge répliqua :

« Oui, mais il y a mes soeurs ; elles ne me permettraient jamais de garder le plus beau sans leur consentement ».

— « Chère soeur », s'écria l'une d'elles, « nous sommes ravies de constater que ta haute fonction ne t'a pas rendue fière. Avec ta permission, nous voudrions bien tirer au sort les seigneurs que voici, afin de les partager entre nous comme compagnons de lit; mais tu auras, avec notre consentement, la *prérogative* de garder le tien ».

Cessant de plaisanter sur ce sujet nous reprenions notre conversation; mais notre vierge ne put nous laisser tranquilles et recommença aussitôt:

« Mes seigneurs » si nous laissions à la fortune le soin de désigner iceux qui dormiront ensemble aujourd'hui? »

— « Eh bien! » dis-je, « s'il le faut absolument nous ne pouvons refuser cette offre ».

Nous convînmes d'en faire l'expérience aussitôt après te repas; alors aucun de nous ne voulant s'y attarder plus longtemps, nous nous levâmes de table; de même nos vierges. Mais notre présidente nous dit:

« Non, le temps il en est pas encore venu. Voyons cependant comment la fortune nous assemblera ».

Nous quittâmes nos compagnes pour *discuter* sur la manière de réaliser ce projet mais cela était bien inutile et les vierges nous avaient séparés d'elles à dessein. En effet, la présidente nous proposa bientôt de nous placer en cercle dans un ordre quelconque; elle nous compterait alors en commençant par elle-même et le septième devrait se joindre au septième suivant quel qu'il fût. Nous ne nous aperçûmes d'aucune supercherie; mais les vierges étaient tellement adroites qu'elles parvinrent à prendre des places déterminées tandis que nous pensions être bien mêlés et placés au hasard. La vierge commença donc à compter; après elle, la septième personne fut une vierge, en troisième lieu encore une vierge et cela continua ainsi jusqu'à ce que toutes les vierges fussent sorties, à notre grand ébahissement, sans que l'un de nous eût quitté le cercle. Nous restions donc seuls, en butte à la risée des vierges et nous dûmes confesser que nous avions été trompés fort habilement. Car il est certain que quiconque nous aurait vu dans notre ordre aurait plutôt supposé que le ciel s'écroulerait que de nous voir tous éliminés. Le jeu se termina donc ainsi et il fallut laisser rire les vierges à nos dépens.

Cependant le petit Cupidon vint nous rejoindre de la part de Sa Majesté Royale, sur l'ordre de Qui une coupe circula parmi nous ; il pria notre vierge de se rendre près du Roi et nous déclara qu'il ne pouvait rester plus longtemps en notre compagnie pour nous distraire. Mais la gaieté étant communicative, mes compagnons organisèrent rapidement une danse, avec l'assentiment des vierges. Je préférais rester à l'écart et je prenais grand plaisir à les regarder ; car, à voir mes mercurialistes se mouvoir en cadence, on les aurait pris pour des maîtres en cet art.

Mais bientôt notre présidente revint et nous annonça que les artistes et les *étudiants* s'étaient mis à la disposition de Sa Majesté Royale pour donner, avant Son départ, une comédie joyeuse en Son honneur et pour Son plaisir ; il serait agréable à Sa Majesté Royale et Elle nous serait gracieusement reconnaissante si nous voulions bien assister à la représentation et accompagner Sa Majesté à la Maison Solaire. En remerciant très respectueusement pour l'honneur qu'on nous faisait, nous *offrîmes* bien humblement nos faibles services, non seulement dans le cas présent mais en toutes circonstances. La vierge se chargea de cette réponse et revint bientôt avec l'ordre de nous ranger sur le passage de Sa Majesté Royale. On nous y conduisit bientôt et nous n'attendîmes pas la procession royale car elle y était déjà ; les musiciens ne l'accompagnaient pas.

En tête du cortège s'avançait la reine inconnue qui avait été parmi nous hier, portant une petite couronne précieuse et revêtue de satin blanc ; elle ne tenait rien qu'une croix minuscule faite d'une petite perle, qui avait été placée entre le jeune Roi et sa fiancée ce jour même. Cette reine était suivie des six vierges nommées plus haut qui marchaient en deux rangs et portaient les joyaux du Roi que nous avions vus exposés sur le petit autel. Puis vinrent les trois rois, le fiancé étant au milieu. Il était mal vêtu, en satin noir, à la mode italienne, coiffé d'un petit chapeau rond noir, garni d'une petite plume noire et pointue. Il se découvrit amicalement devant nous, afin de nous montrer sa condescendance ; nous nous inclinâmes comme nous l'avions fait auparavant. Les rois étaient suivis des trois reines dont deux étaient vêtues richement ; par contre le troisième qui s'avançait entre les deux autres, était tout en noir et Cupidon lui portait la traîne. Puis on nous fit signe de suivre. Après nous vinrent les vierges et enfin le vieil Atlas ferma la procession.

C'est ainsi qu'on nous conduisit par maints passages admirables à la Maison du Soleil ; et là nous prîmes place sur une estrade merveilleuse non loin du Roi et de la Reine, pour assister à la comédie. Nous nous tenions à la droite des rois — mais séparés d'eux, — les vierges à notre droite, excepté celles à qui la Reine avait donné des insignes. À ces dernières, des places particulières étaient réservées tout en haut; mais les autres serviteurs durent se contenter des places entre les colonnes, tout en bas. Cette comédie suggère bien des réflexions particulières; je ne puis donc omettre d'en rappeler ici brièvement le sujet.

PREMIER ACTE

Un vieux roi apparaît entouré de ses serviteurs; on apporte devant son trône un petit coffret que l'on dit avoir trouvé sur l'eau. On l'ouvre et on y découvre une belle enfant, puis à côté de quelques joyaux, une petite missive en parchemin, adressée au roi. Le roi rompt le cachet aussitôt et, ayant lu la lettre, se met à pleurer. Puis il dit à ses courtisans que le roi des nègres a envahi et dévasté le royaume de sa cousine, et exterminé toute la descendance royale sauf cette enfant.

Or, le roi avait fait le projet d'unir son fils à la fille de sa cousine; il jure donc une inimitié éternelle au nègre et à ses complices et décide de se venger. Il ordonne ensuite que l'on élève l'enfant avec soin et que l'on fasse des préparatifs de guerre contre le nègre.

Ces préparatifs, ainsi que l'éducation de la fillette — elle fut confiée à un vieux précepteur dès qu'elle eut grandi un peu, — emplissent tout le premier acte par leur développement plein de finesse et d'agrément.

ENTRE ACTE

Combat d'un lion et d'un griffon ; nous vîmes parfaitement que le lion fut vainqueur.

DEUXIÈME ACTE

Chez le roi nègre ; ce perfide vient d'apprendre avec rage
que le meurtre n'est pas resté secret et que, de plus, une fillette lui a échappé par ruse. Il réfléchit donc aux artifices qu'il
pourrait employer contre son puissant ennemi ; il écoute ses
conseillers, gens pressés par la famine qui se sont réfugiés près
de lui. Contre toute attente la fillette tombe donc de nouveau
dans ses mains et il la ferait mettre à mort immédiatement
s'il n'était trompé d'une manière fort singulière par ses propres courtisans. Cet acte se termine donc par le triomphe du
nègre.

TROISIÈME ACTE

Le roi réunit une grande armée et la met sous les ordres
d'un vieux chevalier valeureux. Ce dernier fait irruption
dans le royaume du nègre, délivre la jeune fille de sa prison
et l'habille richement. On élève ensuite rapidement une estrade admirable et on y fait monter la vierge. Bientôt arrivent
douze envoyés du roi. Alors le vieux chevalier prend la parole
et apprend à la vierge comment son très gracieux Seigneur,
le Roi, ne l'avait pas seulement délivrée une seconde fois

de la mort, après lui avoir donné une éducation royale, — et ceci quoiqu'elle ne se soit pas toujours conduite comme elle l'aurait dû — mais encore que Sa Majesté Royale l'avait choisie comme épouse pour son jeune seigneur et fils et donnait ordre de préparer les fiançailles ; celles-ci devaient avoir lieu dans certaines conditions. Puis, dépliant un parchemin, il donne lecture de ces conditions, qui seraient bien dignes d'être relatées ici si cela ne nous entraînait trop loin.

Bref, la vierge prête le serment de les observer fidèlement et remercie en outre avec grâce pour l'aide et les faveurs qui lui ont été accordées.

Cet acte se termine par des chants à la louange de Dieu, du Roi et de la vierge.

ENTRE ACTE

On nous montra les quatre animaux de Daniel tels qu'ils lui apparurent dans sa vision et tels qu'il les décrit minutieusement. Tout cela a une signification bien déterminée.

QUATRIÈME ACTE

La vierge a repris possession de son royaume perdu ; on la couronne et elle paraît sur la place dans toute sa magnificence au milieu de cris de joie. Ensuite les ambassadeurs, en grand nombre font leur entrée pour lui transmettre des voeux de bonheur et pour admirer sa magnificence. Mais elle ne persévère pas longtemps dans la piété car elle recommence déjà à jeter des regards effrontés autour d'elle, à faire des signes aux ambassadeurs et aux seigneurs, et, vraiment, elle ne montre aucune retenue. Le nègre, bientôt instruit des moeurs de la princesse en tire parti adroitement. Cette dernière, trompant la surveillance de ses conseillers, se laisse aveugler facilement par une promesse fallacieuse, de sorte que, pleine de défiance pour son Roi, elle se livre peu à peu, et en secret, au nègre. Alors celui-ci accourt et quand elle a consenti à reconnaître sa domination, il parvient par elle à subjuguer tout le royaume. Dans la troisième scène de cet acte il la fait emmener, puis dévêtir complètement, attacher au pilori sur un grossier échafaud et fouetter ; finalement il la condamne à mort.

Tout cela était si pénible à voir que les larmes vinrent aux yeux à beaucoup des nôtres.

Ensuite la vierge est jetée toute nue dans une prison pour y attendre la mort par le poison. Or ce poison ne la tue pas mais la rend lépreuse.

Ce sont donc des événements lamentables qui se déroulent au cours de cet acte.

ENTRE ACTE

On exposa un tableau représentant Nabuchodonosor portant des armes de toutes sortes, à la tête, à la poitrine, au ventre, aux jambes, aux pieds, etc... Nous en reparlerons par la suite.

CINQUIÈME ACTE

On apprend au jeune roi ce qui s'est passé entre sa future épouse et le nègre. Il intervient aussitôt auprès de son père avec la prière de ne point la laisser dans cette affliction. Le père ayant accédé à ce désir, des ambassadeurs sont envoyés pour consoler la malade dans sa prison et aussi pour la réprimander pour sa légèreté. Mais elle ne veut pas les accueillir et consent à devenir la concubine du nègre. Tout cela est rapporté au roi.

Voici maintenant un choeur de fous, tous munis de leur bâton ; avec ces bâtons ils échafaudent une grande sphère terrestre et la démolissent aussitôt. Et cela fut une fantaisie fine et amusante.

SIXIÈME ACTE

Le jeune roi provoque le nègre en combat. Le nègre est tué, mais le jeune roi est également laissé pour mort. Cependant il reprend ses sens, délivre sa fiancée et s'en retourne pour préparer les noces ; en attendant il la confie à son intendant et à son aumônier.

D'abord l'intendant la tourmente affreusement, puis c'est le tour du moine qui devient si arrogant qu'il veut dominer tout le monde.

Dès que le jeune roi en a connaissance, il dépêche en toute hâte un envoyé qui brise le pouvoir du prêtre et commence à parer la fiancée pour les noces.

ENTRE ACTE

On nous présenta un éléphant artificiel énorme, portant une grande tour, remplie de musiciens ; nous le regardâmes avec plaisir.

SEPTIÈME ET DERNIER ACTE

Le fiancé paraît avec une magnificence inimaginable, — je me demande comment on put réaliser cela. — La fiancée vient à sa rencontre avec la même solennité. Autour d'eux le peuple crie : *Vivat Sponsus, vivat Sponsa.*

C'est ainsi que, par cette comédie, les artistes fêtaient d'une manière superbe le Roi et la Reine, et — je m'en aperçus aisément — ils y étaient très sensibles.

Enfin les artistes firent encore quelquefois le tour de la scène dans cette apothéose et, à la fin, ils chantèrent en choeur.

I

Ce jour nous apporte une bien grande joie avec les noces du Roi ; chantez donc tous pour que résonne : Bonheur à celui qui nous la donne.

II

La belle fiancée que nous avons attendue si longtemps lui est unie maintenant. Nous avons lutté mais nous touchons au but. Heureux celui qui regarde en avant.

III

Et maintenant qu'ils reçoivent nos voeux. Que votre union soit prospère ; elle fut assez longtemps en tutelle. Multipliez-vous dans cette union loyale pour que mille rejetons naissent de votre sang.

Et la comédie prit fin au milieu des acclamations et de la gaieté générale et à la satisfaction particulière des personnes royales.

Le jour était déjà à son déclin quand nous nous retirâmes dans l'ordre de notre arrivée ; mais, loin d'abandonner le cortège, nous dûmes suivre les personnes royales par l'escalier dans la salle où nous avions été présentés. Les tables étaient déjà dressées avec art et, pour la première fois, nous fûmes conviés à la table royale. Au milieu de la salle se trouvait le petit autel avec les six *insignes* royaux que nous avions déjà vus.

Le jeune roi se montra constamment très gracieux envers nous. Cependant il n'était guère joyeux, car, tout en nous adressant la parole de temps en temps, il ne put s'empêcher de soupirer à plusieurs reprises, ce dont le petit Cupidon le plaisanta. Les vieux rois et les vieilles reines étaient très graves ; seule, l'épouse de l'un d'eux était assez vive, chose dont j'ignorais la raison.

Les personnes royales prirent place à la première table ; nous nous assîmes à la seconde ; à la troisième, nous vîmes quelques dames de la noblesse. Toutes les autres personnes, hommes et jeunes filles, assuraient le service. Et tout se passa avec une telle correction et d'une manière si calme et si grave que j'hésite d'en parler de crainte d'en dire trop. Je dois cependant relater que les personnes royales s'étaient habillées de vêtements d'un blanc éclatant comme la neige et qu'elles avaient pris place à table ainsi vêtues. La grande couronne en or était suspendue au-dessus de la table et l'éclat des pierreries dont elle était ornée, aurait suffi pour éclairer la salle sans autre lumière.

Toutes les lumières furent allumées à la petite flamme placée sur l'autel, j'ignore pourquoi. En outre j'ai bien remarqué que le jeune roi fit porter des aliments au serpent blanc sur l'autel, à plusieurs reprises, et cela me fit réfléchir beaucoup. Le petit Cupidon faisait presque tous les frais de la conversation à ce banquet ; il ne laissa personne en repos, et moi en particulier. À chaque instant il nous étonna par quelque nouvelle trouvaille.

Mais il n'y avait aucune joie sensible et tout se passait dans le calme. Je pressentis un grand danger et l'absence de musique augmenta mon appréhension, qui s'aviva encore quand on nous donna l'ordre de nous contenter de donner une réponse courte et nette si l'on nous interrogeait. En somme tout prenait un air si étrange que la sueur perla sur tout mon corps et je crois que le courage aurait manqué à l'homme le plus audacieux.

Le repas touchait presqu'à sa fin, quand le jeune roi ordonna qu'on lui remit le livre placé sur l'autel et il l'ouvrit. Puis il nous fit demander encore une fois par un vieillard si nous étions bien déterminés à rester avec lui dans l'une et l'autre fortune. Et quand, tout tremblants, nous eûmes répondu affirmativement, il nous fit demander tristement si nous voulions nous lier par notre signature. Il nous était impossible de refuser; d'ailleurs il devait en être ainsi. Alors nous nous levâmes à tour de rôle et chacun apposa sa signature sur ce livre.

Dès que le dernier eut signé, on apporta une fontaine en cristal et un petit gobelet également en cristal. Toutes les personnes royales y burent, chacune selon son rang; on nous le présenta ensuite, puis pour finir à tous ceux qui étaient présents. Et cela fut l'épreuve du silence. [45]

Alors toutes les personnes royales nous tendirent la main en nous disant que, vu que nous ne tiendrions plus à elles dorénavant, nous ne les reverrions plus jamais; ces paroles nous mirent les larmes aux yeux. Mais notre présidente protesta hautement en notre nom, et les personnes royales en furent satisfaites.

Tout à coup une clochette tinta; aussitôt nos hôtes royaux pâlirent si effroyablement que nous avons failli nous évanouir de peur. Elles changèrent leurs vêtements blancs contre des robes entièrement noires; puis la salle entière fut tendue de velours noir; le sol fut couvert de velours noir et on garnit de noir la tribune également. — Tout cela avait été préparé à l'avance.

Les tables furent enlevées et les personnes présentes prirent place sur le banc. Nous nous revêtîmes de robes noires. Alors notre présidente, qui venait de sortir, revint avec six

---

45   *Haustus silentii.*

bandeaux de taffetas noir et banda les yeux aux six personnes royales.

Dès que ces dernières furent privées de l'usage de leurs yeux, les serviteurs apportèrent rapidement six cercueils recouverts et les disposèrent dans la salle. Au milieu on posa un billot noir et bas.

Enfin un géant, noir comme le charbon, entra dans la salle ; il tenait dans sa main une hache tranchante. Puis le vieux roi fut conduit le premier au billot et la tête lui fut tranchée subitement et enveloppée dans un drap noir. Mais le sang fut recueilli dans un grand bocal en or que l'on posa près de lui dans le cercueil. On ferma le cercueil et on le plaça à part. Les autres subirent le même sort et je frémis à la pensée que mon tour arriverait également. Mais il n'en fut rien ; car, dès que les six personnes furent décapitées, l'homme noir se retira ; il fut suivi par quelqu'un qui le décapita à son tour juste devant la porte et revint avec sa tête et la hache que l'on déposa dans une petite caisse.

Ce furent, en vérité, des noces sanglantes. Mais, dans l'ignorance de ce qui allait advenir, je dus dominer mes impressions et réserver mon jugement. En outre, notre vierge, voyant que quelques-uns d'entre nous perdaient la foi et pleuraient, nous invita au calme. Elle ajouta :

« La vie de ceux-ci est maintenant en vos mains. Croyez-moi et obéissez-moi ; alors leur mort donnera la vie à beaucoup ».

Puis elle nous pria de goûter le repos et de laisser tout souci, car ce qui s'était passé était pour leur bien. Elle nous souhaita donc une bonne nuit et nous annonça qu'elle veillerait les morts. Nous conformant à ses désirs nous suivîmes nos pages dans nos logements respectifs.

Mon page m'entretint avec abondance de nombreux sujets dont je me souviens fort bien. Son intelligence m'étonna au plus haut point ; mais je finis par remarquer qu'il cherchait à provoquer mon sommeil ; je fis donc semblant de dormir profondément, mais mes yeux étaient libres de sommeil car je ne pouvais oublier les décapités.

Or, ma chambre donnait sur le grand lac, de sorte que de mon lit, placé près de la fenêtre, je pus facilement en parcourir toute l'étendue du regard. À minuit, à l'instant précis où les douze coups sonnèrent, je vis subitement un grand feu sur le lac ; saisi de peur, j'ouvris rapidement la fenêtre. Alors je vis au loin sept navires emplis de lumière qui s'approchaient. Au-dessus de chaque vaisseau brillait une flamme qui voletait çà et là et descendait même de temps en temps ; je compris aisément que c'étaient les esprits des décapités.

Les vaisseaux s'approchèrent doucement du rivage avec leur unique pilote. Lorsqu'ils abordèrent, je vis notre vierge s'en approcher avec une torche ; derrière elle on portait les six cercueils fermés et la caisse, qui furent déposés dans les sept vaisseaux.

Je réveillai alors mon page qui m'en remercia vivement ; il avait fait beaucoup de chemin dans la journée, de sorte que, tout en étant prévenu, il aurait bien pu dormir pendant que se déroulaient ces événements.

Dès que les cercueils furent posés dans les navires, toutes les lumières s'éteignirent. Et les *six flammes* naviguèrent par delà le lac; dans chaque vaisseau l'on ne voyait plus qu'une petite lumière en vigie. Alors quelque cent gardiens s'installèrent prés du rivage et renvoyèrent la vierge au château. Celle-ci *mit* tous les verrous avec soin; j'en conclus aisément qu'il n'y aurait plus d'autres événements avant le jour. Nous cherchâmes donc le repos.

Et, de tous mes compagnons, nul que moi n'avait son appartement sur le lac; et seul j'avais vu cette scène. Mais j'étais tellement fatigué que je m'endormis malgré mes multiples préoccupations.

COMMENTAIRE

Cette *Quatrième Journée* commence nécessairement par des purifications, que seule peut procurer l'eau de la fontaine gardée par te Lion; les admirables propriétés de cette eau sont gravées sur une dalle de pierre: «Boive qui peut, lave qui veut, trouble qui l'ose, Buvez Frères et vivez». En somme tout comme à Lourdes, ceux qui viennent boire et s'y laver s'y purifient tant au physique qu'au moral et y laissent les impuretés nuisibles à leur perfectionnement. Voici vraisemblablement *La Fontaine des Amoureux de Science,* si bien décrite dans le traité alchimique portant ce nom, par Jehan de la Fontaine, qu'il faut bien se garder de confondre avec le célèbre fabuliste.

> « *Lors j'apperceus une Fontaine*
> *D'Eau très claire pure et fine*
> *Qui était sous une aubespine.*
> *Joyeusement emprès m'assis,*
> *Et de mon pain soupes y fis!*
> ....
> *En la fontaine ha une chose,*
> *Qui est Moult noblement enclose*
> *Celui qui bien la connaitroit*
> *Sur toutes aultres l'aymeroit* ».

Nos Artistes sont de nouveau revêtus de vêtements neufs et reçoivent une seconde Toison d'Or avec une médaille portant l'image du Soleil et la Lune face à face. Ils vont enfin assister aux Noces du Roi et gravissent les 365 marches conduisant à la salle, où les attendent 60 Vierges (ces nombres *ne sont* pas donnés au hasard). Là se renouvelle le rite du Laurier solaire dont nous avons déjà parlé. La description de la salle et de ses dimensions silhouette assez bien l'Athanor ou fourneau des Philosophes vu en coupe et non en plan.

Six personnes occupent par couples les sièges royaux. Il est permis d'hésiter ici entre les six métaux n'ayant pas encore la perfection de l'Or, ou les trois substances contenant chacune deux natures. Soulignons que l'Épouse du vieux Roi à barbe grise (qui pourrait s'appeler Jupiter) est très jeune, et qu'une vieille petite mère est à côté du Roi noir dans la force de l'âge. Sur le trône du milieu sont deux adolescents que Cupidon taquine sans cesse. Bien que cela puisse paraître hors propos, rappelions dès maintenant que Vénus est le nom donné par de nombreux hermétistes à la matière première, car Vénus est né de la Mer Philosophique; Cupidon, fils de Vénus et de Mercure représente le Sel qui en est produit. Vénus alors symbolise le Soufre, et Mercure, le Mercure philosophique. Cupidon n'est autre qu'Éros (que par transposition de lettres on peut écrire Rose). Je ne crois pas superflu de rappeler ici que Cicéron, dans son livre: *Sur la Nature des Dieux,* distingue Cupidon, fils de la Nuit et de l'Érèbe, du dieu Amor, fils de Vénus et de Vulcain ou de Vénus et de Mars. Par ailleurs, il reconnaît trois Cupidons de même nom: Le premier, né de Mercure et de Diane première; le second de Mercure et de Vénus seconde; le troisième ou Antéros né de Mars et de Vénus troisième. En vérité, c'est le fils de Vénus-Uranie, c'est la personnification gracieuse de la force génératrice et créatrice de tous les êtres. Ses attributs restent partout les mêmes: L'arc, le carquois, les flèches et les ailes (Que le lecteur studieux note les flèches).

Les noces du Roi, telles que nous les voyons dès lors se dérouler, nous contraignent d'ouvrir ici une parenthèse pour évoquer rapidement les ouvrages alchimiques ou cette même fiction symbolise fréquemment la Préparation de la Pierre philosophale. Il convient de citer en tête le texte, fort admiré au moyen âge, de l'Allégorie de Merlin, ou *Merlini Allegoria profundissimum philosophiae lapidis arcanum perfecte continens* (Manget. *Bibliotheca Chimica*). Il exerça la sagacité de bien des adeptes et je reconnais qu'il présente avec les Noces Chymiques de nombreux points communs, tant dans la mort du Roi que dans le traitement que doit subir son cadavre pour ressusciter. Un Roi intervient encore dans la description du Magistère que nous donne Bernard le Trévisan dans son livre de *La Philosophie naturelle des Métaux*. L'allégorie de la Fontaine où vient se baigner le Roi soutient fort bien le parallélisme avec divers épisodes qui vont sa dérouler dans la Tour aux sept étages. Nous retrouvons encore ce Roi dans le titra du traité le plus répandu de Philalèthe : *L'Entrée entrouverte au Palais fermé du Roi,* et dans d'épître par laquelle Aristeus termine le célèbre traité attribué à Morien et connu sous le nom de *La Tourbe des Philosophes.* De même encore, pour l'*Opuscule* de Denys Zachaire et pour les planches (illustrant *Les douze clefs de la Philosophie,* de Basile Valentin. Nous pourrions multiplier ces exemples, mais je crois opportun de revenir au principal sujet de nos commentaires. Arrêtons-nous à la nomenclature des objets figurant sur l'Autel de la Reine. Nous y voyons un Livre noir et or, une lumière éternelle portée par un flambeau d'ivoire, une sphère céleste, une horloge, une fontaine de cristal laissant s'épancher une eau rouge, et une tête de mort servant d'abri à un serpent blanc. Nous retrouverons dans la suite ces six objets utilisés suivant leur nature et leur rôle, mais que conclure d'un assemblage aussi disparate ? Il y aurait évidemment de nombreuses pages à écrire, mais nous devons nous borner à en condenser le symbolisme en quelques lignes. Sans doute certains lecteurs jugeront que nous donnons ici à la Vérité une légère entorse, d'autres jugeront avec nous que celle-ci est nécessaire.

Le Livre est celui de la Connaissance, et le flambeau brille de la flamme éternelle de la tradition secrète qui depuis l'origine s'est transmise à travers les siècles sans jamais s'éteindre. La Sphère céleste permet de juger les aspects favorables des astres pour travailler au Grand Œuvre ; l'Horloge sonne l'heure où les temps sont révolus. La fontaine de cristal est celle où se baigne le Roi ; quant à la tête de mort, elle traduit littéralement le *Caput Mortuum* des Alchimistes au sens mystique. Le grand serpent blanc qui n'en sort jamais complètement, évoque le cycle éternel des choses. La Mort absolue n'existe pas ; il n'y a que des périodes de repos, de transformations et de renaissance. Rien ne peut renaître à un état meilleur sans mourir préalablement et subir la période de dissolution et de putréfaction de ses principes antérieurs. Cette période qui dans le Magistère dure 40 jours philosophiques a donné naissance à de nombreux mythes et superstitions, depuis les quarante jours du Déluge jusqu'à la quarantaine que subisse encore certains navires entrant au Port (sans oublier la retraite des quarante jours que Jésus fit dans le désert).

L'arcane XIII du Tarot est puissamment évocateur à ce point de vue ; nous y voyons sortir de terre les têtes du Roi et de la Reine, dont la perfection ne peut exister sans être précédée de destruction. La faux que tient le squelette est celle dont Saturne mutila son Père Uranus, et dont il fut à son tour mutilé par son fils Jupiter ; des parties mutilées et de la mer, naquit Vénus. Je préviens charitablement le lecteur qui serait tenté de pratiquer, se fiant au symbolisme des sept planètes qu'il perdrait son temps et son charbon en chauffant dans un

creuset du plomb, de l'étain et du cuivre. Qu'il laisse aux mé-
tallurgistes le soin de préparer les alliages industriels et qu'il
ne confonde pas l'alchimie avec l'art de Vulcain!
Parlons encore un peu du serpent; il figurait les quatre éléments chez les Égyptiens, aussi fut-il considéré par
les Philosophes, tantôt comme symbole de la matière du
Magistère qui est un abrégé des quatre éléments, tantôt pour
cette matière réduite en eau, tantôt enfin pour leur Soufre ou
Terre ignée qu'ils appellent la Minière du Feu céleste. Les disciples d'Hermès se conformèrent aux directives du Maître au
sujet de ce hiéroglyphe, car nous le retrouvons sans cesse dans
les mythes de Cadmus, Saturne, Mercure, Esculape, Apollon,
etc. Par le serpent qui dévore sa queue, ils ont proprement désigné le Soufre, (Raymond Lulle, *Codicille*, C. 31). En effet,
dans la seconde opération du Magistère, le serpent philosophique commence à se dissoudre par la queue au moyen de
sa tête, c'est-à-dire de son premier principe.

Au nombre des merveilles qu'admire notre héros dans
cette salle, il parle d'images mouvantes. N'est point-ce là la
traduction littérale des *Moving Pictures,* terme employé en
Angleterre pour désigner le cinématographe; l'idée du pho-
nographe est aussi évoquée dans les lignes suivantes et on ne
peut se détendre de quelque surprise en se souvenant que
Valentin Andreae écrivit les *Noces Chymiques* en 1603. Avait-
il anticipé sur l'avenir, en prévoyant nos moyens actuels de
distraction, à la façon dont Roger Bacon, dans ses *Lettres sur
les Prodiges,* anticipe sur l'automobile et l'avion, quelques
centaines d'années avant leur découverte?

Au cours du dîner qu'offrent les Vierges aux Artistes, un passage peut nous paraître badin, lorsque l'une d'entre elles propose à notre héros, que nous savons d'un grand âge, de partager sa couche : Que l'étudiant ne s'y trompe pas, ce passage est capital et son importance est d'autant mieux dissimulée que l'auteur l'a habilement noyé dans un récit plaisant, où comptés de sept en sept pour remettre au sort le choix de leur compagne pour la nuit, les artistes restant seuls entre eux, s'avouent fort habilement dupés.

La représentation théâtrale qui leur est offerte comporte aussi quelques enseignements, déjà vus antérieurement mais moins condensés. La fillette que l'on trouve dès le début du premier acte enfermée en un coffret flottant sur le fleuve, impose à l'esprit la fable babylonienne où Sargon Premier, fils d'un père inconnu est exposé par sa mère dans un panier de roseaux sur l'Euphrate ; il est sauvé par un paysan, et aimé de la déesse Ishtar (la colombe, et aussi l'Étoile du Matin et du Soir) qui le fait parvenir à la Royauté. Six siècles plus tard, un futur Roi, Moïse, est découvert sur le Nil par la fille du Pharaon, lui aussi devient l'Initiateur d'un grand peuple. Faut-il encore rappeler, 735 ans avant notre ère, Romulus et Rémus, bases de la Civilisation latine, exposés aux bêtes sauvages dans les marais du Tibre, et allaités par une Louve ! Que les curieux de Science réfléchissent à l'origine attribuée à Romulus par sa mère et qu'ils en rapprochent le Loup ravissant, cher à Basile Valentin. L'entre acte est sommairement dépeint en évoquant la fixation du volatil par la victoire du Lion sur le griffon. De même, dans le suivant, les spectateurs voient les quatre animaux de Daniel tels qu'ils apparurent dans sa vision. Valentin Andréae ajoute : tout cela a une signification bien déterminée ; nous sommes d'autant plus de son avis que nous retrouvons quelques lignes plus loin trois de ces animaux supportant l'autel de Vénus : l'Aigle, le Boeuf et le Lion ; d'ailleurs si Jupiter se métamorphosa en pluie d'Or, ne le fut-il point également en Aigle, en Taureau et en Cygne ? Ceci dit, la description du spectacle offert aux Artistes n'a qu'un intérêt très secondaire. Par contre, le dernier épisode de ce quatrième jour est riche en sous-entendus alchimiques. Ici chaque épisode, chaque geste, chaque couleur, ou détail a sa signification. Voici la formule chère aux Philosophes qui parient du début de l'Œuvre : *Nigrum, nigro, nigrius,* prouvant que l'Adepte n'a pas fait fausse route. Ce Noir plus noir que le noir, nous le retrouvons dans la couleur des vêtements et du bandeau dont sont revêtues les six personnes royales ; noires sont les tentures, et noir aussi l'Exécuteur qui subit le même sort que ses victimes.

Par un hasard providentiel, notre héros peut voir depuis sa chambre qui donne sur le lac, l'embarquement nocturne des six cercueils et de la caisse contenant le nègre, sur sept vaisseaux. Notez cependant que six flammes seulement survolent le lac. Je voudrais bien pouvoir en écrire davantage sur ce sujet, mais je me borne à citer le début du Psaume XXXVIII : *Dixi custodiam vias meas ut non deliquam in lingua mea.* Et aujourd'hui nous ne dirons pas plus avant sur le commentaire du *Quatrième Jour.*

CINQUIÈME JOUR

J e quittai ma couche au point du jour, aiguillonné par le désir d'apprendre la suite des événements, sans avoir goûté un repos suffisant. M'étant habillé je descendis, mais je ne trouvai encore personne dans la salle à cette heure matinale. Je priai donc mon page de me guider encore dans le château et de me montrer les parties intéressantes ; il se prêta volontiers à mon désir, comme toujours.

Ayant descendu quelques marches sous terre, nous nous heurtâmes à une grande porte en fer sur laquelle se détachait en grandes lettres de cuivre l'inscription suivante :

Je reproduis l'inscription telle que je l'ai copiée sur ma tablette.

Le page ouvrit donc cette porte et me conduisit par la main dans un couloir complètement obscur. Nous parvînmes à une petite porte qui était entrebâillée, car, d'après mon page, elle avait été ouverte la veille pour sortir les cercueils et on ne l'avait pas encore refermée.

Nous entrâmes ; alors la chose la plus précieuse que la nature eût jamais élaborée apparut à mon regard émerveillé. Cette salle voûtée ne recevait d'autre lumière que l'éclat rayonnant de quelques escarboucles énormes ; c'était, me dit-on, le trésor du Roi. Mais au centre, j'aperçus la merveille la plus admirable ; c'était un tombeau précieux. Je ne pus réprimer mon étonnement de le voir entretenu avec si peu de soins. Alors mon page me répondit que je devais rendre grâce à ma planète, dont l'influence me permettait de contempler plusieurs choses que nul oeil humain n'avait aperçu jusqu'à ce jour, hormis l'entourage du Roi.

Le tombeau était triangulaire et supportait en son centre un vase en cuivre poli ; tout le reste n'était qu'or et pierres précieuses. Un ange, debout dans le vase, tenait dans ses bras un arbre inconnu, qui, sans cesse, laissait tomber des gouttes dans le vaisseau ; parfois un fruit se détachait, se résolvait en eau dès qu'il touchait le vase et s'écoulait dans trois petits vaisseaux en or. Trois animaux, un aigle, un boeuf et un lion, se tenant sur un socle très précieux supportaient ce petit autel.

J'en demandai la signification à mon page :

« Ci-gît » dit-il, « Vénus, la belle dame qui a fait perdre le bonheur, le salut et la fortune à tant de grands ». Puis il désigna sur le sol une trappe en cuivre. « Si tel est votre désir » dit-il « nous pouvons continuer à descendre par ici ».

— « Je vous suis » répondis-je; et je descendis l'escalier où l'obscurité était complète; mais le page ouvrit prestement une petite boîte qui contenait une petite lumière éternelle à laquelle il alluma une des nombreuses torches placées à cet endroit. Plein d'appréhension, je lui demandai sérieusement s'il lui était permis de faire cela. Il me répondit: « Comme les personnes royales reposent maintenant je n'ai rien à craindre ».

J'aperçus alors un lit d'une richesse inouïe, aux tentures admirables. Le page les entrouvrit et je vis dame Vénus couchée là toute nue — car le page avait soulevé la couverture — avec tant de grâce et de beauté, que, plein d'admiration, je restai figé sur place, et maintenant encore, j'ignore si j'ai contemplé une statue ou une morte; car elle était absolument immobile et il m'était interdit de la toucher.

Puis le page la couvrit de nouveau et tira le rideau; mais son image me resta comme gravée dans les yeux.

Derrière le lit je vis un panneau avec cette inscription:

Je demandai à mon page la signification de ces caractères ; il me promit en riant que je l'apprendrai. Puis il éteignit le flambeau et nous remontâmes.

Examinant les animaux de plus près, je m'aperçus, à ce moment seulement, qu'une torche résineuse brûlait à chaque coin. Je n'avais pas aperçu ces lumières auparavant, car le feu était si clair qu'il ressemblait plutôt à l'éclat d'une pierre qu'à une flamme. L'arbre exposé à, cette chaleur ne cessait de fondre tout en continuant à produire de nouveaux fruits.

« Écoutez » dit le page, ce que j'ai entendu dire à Atlas parlant au Roi. Quand, l'arbre, a-t-il dit, sera fondu entièrement, dame Vénus se réveillera et sera mère d'un roi ».

Il parlait encore et m'en aurait peut-être dit davantage quand Cupidon pénétra dans la salle. De prime abord il fut atterré d'y constater notre présence ; mais quand il se fut aperçu que nous étions tous deux plus morts que vifs, il finit par rire et me demanda quel esprit m'avait chassé par ici. Tout tremblant je lui répondis que je m'étais égaré dans le château, que le hasard m'avait conduit dans cette salle et que mon page m'ayant cherché partout m'avait finalement trouvé ici ; qu'enfin j'espérais qu'il ne prendrait pas la chose en mal.

« C'est encore excusable ainsi », me dit-il, « vieux père téméraire. Mais vous auriez pu m'outrager grossièrement si vous aviez vu cette porte. Il est temps que je prenne des précautions ».

Sur ces mots il cadenassa solidement la porte de cuivre par où nous étions descendus. Je rendis grâce à Dieu de ne pas avoir été rencontrés plutôt et mon page me sut gré de l'avoir aidé à se tirer de ce mauvais pas.

« Cependant », continua Cupidon, « je ne puis vous laisser impuni d'avoir presque surpris, ma mère ». Et il chauffa la pointe d'une de ses flèches dans l'une des petites lumières et me piqua à la main. Je me sentis presque pas la piqûre à ce moment tant j'étais heureux d'avoir si bien réussi et d'en être quitte à si bon compte.

Entre temps mes compagnons étaient sortis de leur lit et s'étaient rassemblés dans la salle ; je les y rejoignis en faisant semblant de quitter mon lit à l'instant. Cupidon qui avait fermé toutes les portes derrière lui avec soin me demanda de lui montrer ma main. Une gouttelette de sang y perlait encore ; il en rît et prévint les autres de se méfier de moi car je changerai sous peu. Nous étions stupéfaits de voir Cupidon si gai ; il ne paraissait pas se soucier le moins du monde des tristes événements d'hier et ne portait aucun deuil.

Cependant notre présidente s'était parée pour sortir ; elle était entièrement habillée de velours noir et tenait sa branche de laurier à la main ; toutes ses compagnes portaient de même leur branche de laurier. Quand les préparatifs furent terminés, la vierge nous dit de nous désaltérer d'abord et de nous préparer ensuite pour la procession. C'est ce que nous fîmes sans perdre un instant et nous la suivîmes dans la cour.

Six cercueils étaient placés dans cette cour. Mes compagnons étaient convaincus qu'ils renfermaient les corps des six personnes royales ; mais moi je savais à quoi m'en tenir ; toutefois j'ignorais ce qu'allaient devenir les autres cercueils.

Huit hommes masqués se tenaient près de chacun des cercueils. Quand la musique se mit à jouer — un air si grave et si triste que j'en frémis, — ils levèrent les cercueils et nous suivîmes jusqu'au jardin dans l'ordre qu'on nous indiqua. Au milieu du jardin on avait érigé un mausolée en bois dont tout le pourtour était garni d'admirables couronnes ; le dôme était supporté par sept colonnes. On avait creusé six tombeaux et près de chacun se trouvait une pierre ; mais le centre était occupé par une pierre ronde, creuse, plus élevée.

Dans le plus grand silence et en grande cérémonie on déposa les cercueils dans ces tombeaux, puis les pierres furent glissées dessus et fortement scellées. La petite boîte trouva sa place au milieu. C'est ainsi que mes compagnons furent trompés, car ils étaient persuadés que les corps reposaient là. Au sommet flottait un grand étendard décoré de l'image du phénix, sans doute pour nous égarer encore plus sûrement. C'est à ce moment que je remerciai DIEU de m'avoir permis de voir plus que les autres.

Les funérailles étant terminées, la vierge monta sur l'a pierre centrale et nous fit un court sermon. Elle nous engagea à tenir notre promesse, à ne pas épargner nos peines et à prêter aide aux personnes royales enterrées là afin qu'elles pussent retrouver la vie. À cet effet nous devions nous mettre en route sans tarder et naviguer avec elle vers la tour de l'Olympe pour y chercher le remède approprié et indispensable.

Ce discours eut notre assentiment ; nous suivîmes donc la vierge par une autre petite porte jusqu'au rivage, où nous vîmes les sept vaisseaux, que j'ai déjà signalés plus haut, tous vides. Toutes les vierges y attachèrent leur branche de laurier et, après nous avoir embarqués, elles nous laissèrent partir à la grâce de Dieu. Tant que nous fûmes en vue, elles ne nous quittèrent pas du regard ; puis elles rentrèrent dans le château accompagnées de tous les gardiens.

Chacun de nos vaisseaux portait un grand pavillon et un signe distinctif. Sur cinq des vaisseaux on voyait les cinq *Corpora Regalia ;* en outre, chacun, en particulier le mien, où la vierge avait pris place, portait un *globe.*

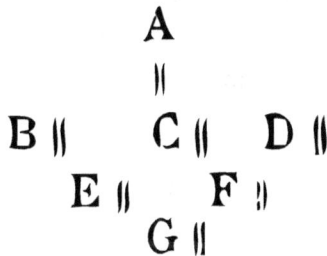

A

‖

B ‖   **C ‖**   **D ‖**

E ‖   **F ‖**

G ‖

Nous naviguâmes ainsi dans un ordre donné, chaque vaisseau ne contenant que deux pilotes.

En tête venait le petit vaisseau *a,* où, à mon avis, gisait le nègre ; il emportait douze musiciens ; son pavillon représentait une pyramide. Il était suivi des trois vaisseaux *b-c-d,* nageant de conserve. On nous avait distribués dans ces vaisseaux-là ; j'avais pris place dans *c.* Sur une troisième ligne flottaient les deux vaisseaux *e* et *f,* les plus beaux et les plus précieux, parés d'une quantité de branches de laurier ; ils ne portaient personne et battaient pavillon de Lune et de Soleil. Le vaisseau *g* venait en dernière ligne ; il transportait quarante vierges.

Ayant navigué ainsi par delà le lac, nous franchîmes une passe étroite et nous parvînmes à la mer véritable. Là, des Sirènes, des Nymphes, et des Déesses de la mer nous attendaient ; nous fûmes abordés bientôt par une jeune nymphe, chargée de nous transmettre leur cadeau de noces ainsi que leur souvenir. Ce dernier consistait en une grande perle précieuse sertie, comme nous n'en avions jamais vue ni dans notre monde ni dans celui-ci ; elle était ronde et brillante. Quand, la vierge l'eut acceptée amicalement, la nymphe demanda que l'on voulût bien donner audience à ses compagnes et s'arrêter un instant ; la vierge y consentit. Elle ordonna d'amener les deux grands vaisseaux au milieu et de former avec les autres un pentagone.

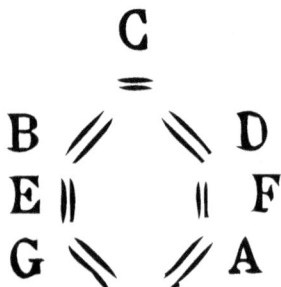

Puis les nymphes se rangèrent en cercle autour et chantèrent d'une voix douce :

I

Rien de meilleur n'est sur terre
Que le bel et noble amour ;

Par lui nous égalons Dieu,
Par lui personne n'afflige autrui.
Laissez-nous donc chanter le Roi,
Et que toute la mer résonne,
Nous questionnons, donnez la réplique.

II
Qui nous a transmis la vie?
L'amour. Qui nous a rendu la grâce?
L'amour. Par qui sommes-nous nés?
Par l'amour. Sans qui serions-nous perdus?
Sans l'amour.

III
Qui donc nous a engendrés?
L'amour. Pourquoi nous a-t-on nourris?
Par amour. Que devons-nous aux parents?
L'amour.
Pourquoi sont-ils si patients?
Par amour.

IV
Qui est vainqueur?
L'amour.
Peut-on trouver l'amour?
Par l'amour.
Qui peut encore unir les deux?
L'amour.

V

Chantez donc tous,
Et faites résonner le chant
Pour glorifier l'amour ;
Qu'il veuille s'accroître
Chez nos Seigneurs, le Roi et la Reine ;
Leurs corps sont ici, l'âme est là.

VI

Si nous vivons encore, Dieu fera,
Que de même que l'amour et la grande grâce
Les ont séparés avec une grande puissance ;
De même aussi la flamme d'amour
Les réunira de nouveau avec bonheur.

VII

Cette peine,
En grande joie,
Sera transmuée pour toujours,
Y eût-il encore des souffrances sans nombre.

En écoutant ce chant mélodieux, je compris parfaitement qu'Ulysse eût bouché les oreilles de ses compagnons, car j'eus l'impression d'être le plus misérable des hommes en me comparant à ses créatures adorables.

Mais bientôt la vierge prit congé et donna l'ordre de continuer la route. Les nymphes rompirent donc le cercle et s'éparpillèrent dans la mer après avoir reçu comme rétribution un long ruban rouge. — À ce moment je sentis que Cupidon commençait à opérer en moi aussi, ce qui n'était guère à mon honneur; mais, comme de toute manière mon étourderie ne peut servir à rien au lecteur, je veux me contenter de la noter en passant. Cela répondait précisément à la blessure que j'avais reçue à la tête, en rêve, comme je l'ai décrit dans le premier livre; et, si quelqu'un veut un bon conseil, qu'il s'abstienne d'aller voir le lit de Vénus, car Cupidon ne tolère pas cela.

Quelques heures plus tard, après avoir parcouru un long chemin, tout en nous entretenant amicalement, nous aperçûmes la tour de l'Olympe. La vierge ordonna donc de faire divers signaux pour annoncer notre arrivée; ce qui fut fait. Aussitôt nous vîmes un grand drapeau blanc se déployer et un petit vaisseau doré vint à notre rencontre. Quand il fut près de nous accoster, nous y distinguâmes un vieillard entouré de quelques satellites habillés de blanc; il nous fit un accueil amical et nous conduisit à la tour.

La tour était bâtie sur une île exactement carrée et entourée d'un rempart si solide et si épais que je comptai deux cent soixante pas en la traversant. Derrière cette enceinte s'étendait une belle prairie agrémentée de quelques petits jardins où fructifiaient des plantes singulières et inconnues de moi; elle s'arrêtait au mur protégeant la tour. Cette dernière, en elle-même, semblait formée par la juxtaposition de sept tours rondes; celle du centre était un peu plus haute. Intérieurement elles se pénétraient mutuellement et il y avait sept étages superposés.

Quand nous eûmes atteint la porte, on nous rangea le long du mur côtoyant la tour afin de transporter les cercueils dans la tour à notre insu, comme je le compris facilement; mais mes compagnons l'ignoraient.

Aussitôt après on nous conduisit dans la salle intérieure de la tour qui était décorée avec art; mais nous y trouvâmes peu de distractions, car elle ne contenait rien qu'un laboratoire. Là nous dûmes broyer et laver des herbes, des pierres précieuses et diverses matières, en extraire la sève et l'essence et en emplir des fioles de verre que l'on rangea avec soin. Cependant notre vierge si active et si agile, ne nous laissa pas manquer de besogne; nous dûmes travailler assidûment et sans relâche dans cette île jusqu'à ce que nous eussions terminé les préparatifs nécessaires pour la résurrection des décapités.

Pendant ce temps — comme je l'appris ultérieurement — les trois vierges lavaient avec soin les corps dans la première salle.

Enfin quand nos travaux furent presque terminés on nous apporta, pour tout repas, une soupe et un peu de vin, ce qui signifiait clairement que nous n'étions point ici pour notre agrément; et quand nous eûmes accompli notre tâche, il fallut nous contenter, pour dormir, d'une natte qu'on étendit par terre pour chacun de nous.

Pour ma part, le sommeil ne m'accabla guère; je me promenai donc dans le jardin et j'avançai jusqu'à l'enceinte; comme la nuit était très claire, je passai le temps à observer les étoiles. Je découvris par hasard de grandes marches en pierre menant à la crête du rempart ; comme la lune répandait une si grande clarté, je montai audacieusement. Je contemplai la mer qui était dans un calme absolu, et, profitant d'une si bonne occasion de méditer sur l'astronomie, je découvris que cette nuit même les planètes se présenteraient sous un aspect particulier qui ne se reproduirait pas avant longtemps.

J'observai ainsi longuement le ciel au-dessus de la mer quand, à minuit, dès que les douze coups tombèrent, je vis les sept flammes parcourir la mer et se poser tout enhaut sur la pointe de la tour ; j'en fus saisi de peur car, dès que les flammes se reposèrent, les vents se mirent à secouer la mer furieusement. Puis la lune se couvrit de nuages, de sorte que ma joie prit fin dans une telle terreur que je pus à peine découvrir l'escalier de pierre et rentrer dans la tour. Je ne puis dire si les flammes sont restées plus longtemps sur la tour ou si elles sont reparties, car il était impossible de me risquer dehors dans cette obscurité.

Je me couchais donc sur ma couverture et je m'endormis aisément au murmure calme et agréable de la fontaine de notre laboratoire.

Ainsi ce cinquième jour se termina également par un miracle.

COMMENTAIRE

La vingt-deuxième lame des Arcanes majeurs du Tarot (Le Monde) nous montre une jeune femme nue au centre d'une couronne ovale de lauriers; on voit aux quatre angles les quatre figures de l'Apocalypse de Saint Jean, l'Ange, l'Aigle le Lion et le Taureau, figures que l'on retrouve aussi dans les Chérubs et les Séraphs de l'ancienne Égypte et ceci seul suffit à établir l'ancienneté de leur symbolisme. Seul de tous les arcanes, celui-ci désigne l'absolu, la femme représentant la fécondité primordiale, c'est-à-dire la Création. Un rapprochement s'impose entre cette lame du Tarot, et la description du Tombeau de Vénus.

Ce tombeau triangulaire est supporté par l'Aigle, le Boeuf, et le Lion; l'Ange est debout au centre dans un vase de cuivre (métal consacré à Vénus). De cuivre est aussi la trappe par laquelle descend notre héros dans la salle où son guide lui montre Vénus toute nue. Il a, dès maintenant soulevé le Voile d'Isis. Il remarque que l'Ange tient en ses bras un arbre dont les branches s'égouttent sans cesse dans un bassin de cuivre. Cet arbre est un Tamaris dont les fleurs sont blanches et les racines rouges, sous lesquelles Isis retrouva le corps mutilé d'Osiris, et les pleurs qu'elle verse au cours de sa recherche en Phénicie (de Φοινιζ, rouge, pourpre) trouvent leur réplique dans les gouttes tombant sans cesse des branches de l'arbre.

Dans cette phase de l'Œuvre, la matière encore volatile représentée par Isis, monte en vapeurs, se condense et retombe en gouttes pour se réunir à la matière fixe que représente Osiris sous le Tamaris.

Cette Vénus ou Isis étendue en son tombeau, figure la mort apparente de la Nature pendant l'époque ou toute végétation s'arrête; allé renaît au printemps, comme dans les mythes grecs de Déméter et de Proserpine. « Quand l'arbre sera fondu entièrement, Dame Vénus se réveillera et sera mère d'un Roi ». Dans le commentaire du *Quatrième Jour*, j'avais attiré l'attention du Lecteur sur les flèches de Cupidon; je souligne encore ici le passage où le petit Dieu malin pique notre héros à la main pour le punir de sa témérité. La lumière qui éclaire cette scène et dont l'éclat ressemble plus à celui d'une pierre qu'à celui d'une flamme évoque l'idée de phosphorescence, or, Φωσφορος n'est autre chose que la traduction littérale du mot latin Lucifer, portelumière, nom donné à l'étoile Vénus.

À cet épisode succède un simulacre d'enterrement des six personnes royales dans un mausolée dont le dôme est supporté par sept colonnes. Six tombes sont creusées, mais la boîte contenant la dépouille de l'exécuteur noir est placée au centre sur une pierre creuse. L'Étendard flottant au sommet du monument représente l'image du Phénix. Ce symbole est évidemment transparent puisqu'à la fin du sixième jour, nous assistons à la résurrection du Roi et de la Reine. Le Mythe de cet oiseau fabuleux renaissant de ses cendres tous les cinq cents ans mérite une courte parenthèse. Les anciens auteurs, Hérodote, Tacite, Pline, Ovide, Solin, Horapollon, Tsetzès, Suidas, etc., sont d'accord pour le représenter comme un oiseau de la grosseur d'un Aigle; une huppe éclatante toujours dressée orne sa tête, les plumes du cou sont dorées, les autres pourprées; sa queue est blanche mêlée de plumes incarnats et ses yeux brillent de l'éclat des étoiles. Il est bon de rappeler ici que Mercure, le messager céleste, est souvent représenté tenant son caducée de la main droite, et un phénix sur le poing gauche. Pour exercer davantage la sagacité des curieux de Science, je recommande à nos lecteurs numismates l'examen de certains deniers d'Or de Trajan portant l'effigie du Phénix, la tête auréolée d'un nimbe semblant être le disque solaire, et tenant dans les serres une branche d'arbre. Cette même figure se retrouve sur les monnaies de Constantin, mais l'Oiseau repose sur une montagne et tient une boule (l'OEuf philosophique) au lieu d'un rameau. Nous avons mieux à taire que de discuter ici les spéculations astronomiques tendant à voir dans la renaissance du Phénix, l'intervalle de temps compris entre deux passages consécutifs de la planète Mercure devant le Soleil!

Suivez notre héros vers la Tour de l'Olympe, et lisez avec soin le récit de sa traversée. Les deux façons différentes dont se groupent les nefs emportant les dépouilles royales, pour naviguer de conserve, puis pour assister au concert des Sirènes, ont un sens particulier dépendant de la nature du chargement confié à chaque navire. La beauté de l'Hymne à l'Amour se suffit à elle-même sans qu'il soit besoin de la souligner ici. Toutefois, c'est à ce moment que notre héros se souvient de la piqûre que Cupidon lui fit à la main, et de celle qu'il reçut en rêve à la tête au cours d'un songe décrit dans le premier jour.

La tour de l'Olympe est bâtie sur une île exactement carrée, et ses sept tours rondes superposées évoquent la figure d'une lunette télescopique. Le séjour de Christian Rosencreutz dans le laboratoire du premier étage, ne paraît pas lui laisser un bien bon souvenir ; il broie des herbes, des pierres, en extrait l'essence, la range dans des fioles. C'est évidemment là, besogne d'apothicaire, et non d'Alchimiste. Trois Vierges, cependant, lavent avec soin dans la première salle les corps des personnes royales. Ayant terminé sa besogne, et ne pouvant goûter de repos, notre héros va jouir du clair de Lune sur les remparts de la tour et il constate que, cette nuit même, les planètes se présentent sous un aspect particulier ne devant pas se reproduire avant longtemps. Il voit se fixer au sommet de la tour les flammes qu'il avait vues survolant les mâts des sept nefs.

Alors, les vents se déchaînent et la Lune s'obscurcit.

Retenons surtout de la fin de ce *Cinquième Jour,* qu'il y a temps pour l'Œuvre comme il y a temps pour toutes choses, et arrêtant ici le commentaire, souvenons-nous du Zodiaque par lequel le Président d'Espagnet termine *l'Arcanum Hermeticae Philosophiae Opus.*

SIXIÈME JOUR

L e lendemain, le premier réveillé tira les autres du sommeil et nous nous mîmes aussitôt à discourir sur l'issue probable des événements. Les uns soutenaient que les décapités revivraient tous ensemble ; d'autres les contredisaient parce que la disparition des vieux devait donner aux jeunes non seulement la vie mais encore la faculté de se reproduire. Quelques-uns pensaient que les personnes royales n'avaient pas été tuées mais que d'autres avaient été décapitées à leur place.

Quand nous eûmes ainsi conversé pendant quelque temps le vieillard entra, nous salua et examina si nos travaux étaient terminés et si l'exécution en avait été correcte ; mais nous y avions apporté tant de zèle et de soins qu'il dut se montrer satisfait. Il rassembla donc les fioles et les rangea dans un écrin.

Bientôt nous vîmes entrer quelques pages portant des échelles, des cordes et de grandes ailes, qu'ils déposèrent devant nous et s'en furent. Alors le vieillard dit :

« Mes chers fils, chacun de vous doit se charger d'une de ces pièces pendant toute la journée, vous pourrez les choisir ou les tirer au sort ». Nous répondîmes que nous préférions choisir. — « Non », dit le vieillard, « on les tirera au sort ». Puis il fit trois fiches ; sur la première il écrivit échelle ; sur la seconde : corde, et sur la troisième : ailes. Il les mêla dans un chapeau ; chacun en tira une fiche et dut se charger de l'objet désigné. Ceux qui eurent les cordes se crurent favorisés par le sort ; quant à moi il m'échut une échelle, ce qui m'ennuya fort car elle avait douze pieds de long et pesait assez lourd. Il me fallut la porter tandis que les autres purent enrouler aisément les cordes autour d'eux ; puis le vieillard attacha les ailes aux derniers avec tant d'adresse qu'elles paraissaient leur avoir poussé naturellement. Enfin il tourna un robinet et la fontaine cessa de couler ; nous dûmes la retirer du centre de la salle. Quand tout fut en ordre, il prit l'écrin avec les fioles, nous salua et ferma soigneusement la porte derrière lui, si bien que nous nous crûmes prisonniers dans cette tour.

Mais il ne s'écoula pas un quart d'heure, qu'une ouverture ronde se produisit dans la « route ; par là nous aperçûmes notre vierge qui nous interpella, nous souhaita une bonne journée et nous pria de monter. Ceux qui avaient des ailes s'envolèrent facilement par le trou ; de même nous qui portions des échelles en comprîmes immédiatement l'usage. Mais ceux qui possédaient des cordes étaient dans l'embarras ; car dès que l'un de nous fut monté on lui ordonna de retirer l'échelle. Enfin chacune des cordes fut attachée à un crochet en fer et on pria leurs porteurs de grimper de leur mieux, chose qui, vraiment, ne se passa pas sans ampoules. Quand nous fûmes tous réunis en haut, le trou fut refermé et la vierge nous accueillit amicalement.

Une salle unique occupait tout cet étage de la tour. Elle était flanquée de six belles chapelles, un peu plus hautes que la salle ; on y accédait par trois degrés. On nous distribua dans les chapelles et on nous invita à prier pour la vie des rois et des reines. Pendant ce temps la vierge entra et sortit alternativement par la petite porte *a* et fit ainsi jusqu'à ce que nous eussions terminé.

Dès que nous eûmes achevé notre prière, douze personnes — elles avaient fait fonction de musiciens auparavant — firent passer par cette porte et déposèrent au centre de la salle, un objet singulier, tout en longueur qui paraissait n'être qu'une fontaine à mes compagnons. Mais je compris immédiatement que les corps y étaient enfermés ; car la caisse inférieure était carrée et de dimensions suffisantes pour contenir facilement six personnes. Puis les porteurs disparurent et revinrent bientôt avec leurs instruments pour accompagner notre vierge et ses servantes par une harmonie délicieuse.

Notre vierge portait un petit coffret ; toutes les autres tenaient des branches et de petites lampes et, quelques-unes des torches allumées. Aussitôt on nous mit les torches en mains et nous dûmes nous ranger autour de la fontaine dans l'ordre suivant :

oooooooa

```
      o o o o
    o        o
  oooooooo
 o           o
c o    O    o b
 o           o
  o o o A o o o
   o        o
     o o o o
```

oooooooood

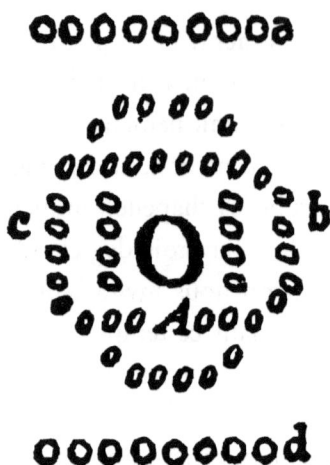

La vierge se tenait en *A;* ses servantes étaient postées en cercle avec leurs lampes et leurs branches en *c;* nous étions avec nos torches en *b* et les musiciens rangés en *a,* ligne droite en *a;* enfin les vierges en *d,* également sur une ligne droite. J'ignore d'où venaient ces dernières; avaient-elles habité la tour, ou y avaient-elles été conduites pendant la nuit? Leurs visages étaient couverts dévoiles fins et blancs de sorte que je n'en reconnus aucune. Alors la vierge ouvrit le coffret qui contenait une chose sphérique dans une double enveloppe de taffetas vert; elle la retira et, s'approchant de la fontaine, elle la posa dans la petite chaudière supérieure; elle recouvrit ensuite cette dernière avec un couvercle percé de petits trous et muni d'un rebord. Puis elle y versa quelques-unes des eaux que nous avions préparées la veille, de sorte que la fontaine se mit bientôt à couler. Cette eau était rentrée sans cesse dans la chaudière par quatre petits tuyaux.

Sous la chaudière inférieure on avait disposé un grand nombre de pointes; les vierges y fixèrent leurs lampes dont la chaleur lit bientôt bouillir l'eau. En bouillant, l'eau tombait sur les cadavres par une quantité de petits trous percés en *a;* elle était si chaude qu'elle les dissolvait et en fit une liqueur. Mes compagnons ignorent encore ce qu'était la boule enveloppée; mais moi, je compris que c'était la tête du nègre et que c'était elle qui communiquait aux eaux cette chaleur intense.

En *b,* sur le pourtour de la grande chaudière, se trouvait encore une quantité de trous; les vierges y plantèrent leurs branches. Je ne sais si cela était nécessaire pour l'opération, ou seulement exigé par le cérémonial; toutefois les branches furent arrosées continuellement par la fontaine et l'eau qui s'en écoula pour retourner dans la chaudière, était un peu plus jaunâtre.

Cette opération dura près de deux heures; la fontaine coulait constamment d'elle-même, mais peu à peu le jet faiblissait.

Pendant ce temps les musiciens sortirent et nous nous promenâmes çà et là dans la salle. Les ornements de cette salle suffisaient amplement à nous distraire car rien n'y était oublié en fait d'images, tableaux, horloges, orgues, fontaines et choses semblables.

Enfin l'opération toucha à sa fin et la fontaine cessa de couler. La vierge fit alors apporter une sphère creuse en or. À la base de la fontaine il y avait un robinet; elle l'ouvrit et fit couler les matières qui avaient été dissoutes par la cha-

leur des gouttes ; elle récolta plusieurs mesures d'une matière
très rouge. L'eau qui restait dans la chaudière supérieure fut
vidée ; Puis cette fontaine — qui était très allégée — fut portée dehors. Je ne puis dire si elle a été ouverte ensuite et si
elle contenait encore un résidu utile provenant des cadavres ;
mais je sais que l'eau recueillie dans la sphère était beaucoup
trop lourde pour que nous eussions pu la porter à six ou plus,
quoique, à en juger par son volume, elle n'aurait pas dû ex-
céder la charge d'un seul homme. On transporta cette sphère
au dehors avec beaucoup de peine et on nous laissa encore
seuls.

Comme j'entendais que l'on marchait au-dessus de nous,
je cherchai mon échelle des yeux. À ce moment on aurait
pu entendre de singulières opinions exprimées par mes compagnons sur cette fontaine ; car, persuadés que les corps reposaient dans le jardin du château, ils ne savaient comment
interpréter ces opérations. Mais moi, je rendais grâce à Dieu
d'avoir veillé en temps opportun et d'avoir vu des événements
qui m'aidaient à mieux comprendre toutes les actions de la
vierge.

Un quart d'heure s'écoula ; puis le centre de la voûte fut
dégagé et on nous pria de monter. Cela se fit comme auparavant à l'aide d'ailes, d'échelles et de cordes ; et je fus passa-
blement vexé de voir que les vierges montaient par une voie
facile, tandis qu'il nous fallait faire tant d'efforts. Cependant
je m'imaginais bien que cela se faisait dans un but déterminé.
Quoi qu'il en soit il fallut nous estimer heureux des soins
prévoyants du vieillard, car les objets qu'il nous avait donnés,

les ailes, par exemple, nous servaient uniquement à atteindre l'ouverture.

Quand nous eûmes réussi à passer à l'étage supérieur, l'ouverture se referma ; je vis alors la sphère suspendue à une forte chaîne au milieu de la salle. Il y avait des fenêtres sur tout le pourtour de cette salle et autant de portes alternant avec les fenêtres. Chacune des portes masquait un grand miroir poli. La disposition *optique* des portes et des miroirs était telle que l'on voyait briller des soleils sur toute la circonférence de la salle, dès que l'on avait ouvert les fenêtres du côté du soleil et tiré les portes pour découvrir les miroirs ; et cela malgré que cet astre, qui rayonnait à ce moment au-delà de toute mesure ne frappât qu'une porte. Tous ces soleils resplendissants dardaient leurs rayons par des réflexions artificielles, sur la sphère suspendue au centre ; et comme, par surcroît, celle-ci était polie, elle émettait un rayonnement si intense qu'aucun de nous ne put ouvrir les yeux. Nous regardâmes donc par les fenêtres jusqu'à ce que la sphère fût chauffée à point et que l'effet désiré fût obtenu. J'ai vu ainsi la chose la plus merveilleuse que la nature ait jamais produite : Les miroirs reflétaient partout des soleils, mais la sphère au centre rayonnait encore avec bien plus de force de sorte que notre regard ne put en soutenir l'éclat égal à celui du soleil même, ne fût-ce qu'un instant.

Enfin la vierge fit recouvrir les miroirs et fermer les fenêtres afin de laisser refroidir un peu la sphère ; et cela eut lieu à sept heures.

Nous étions satisfaits de constater que l'opération, parvenue à ce point, nous laissait assez de liberté pour noua réconforter par un déjeuner. Mais, cette fois encore, le menu était vraiment philosophique et nous n'avions pas à craindre qu'on insistât pour nous pousser aux excès ; toutefois on ne nous laissa pas manquer du nécessaire. D'ailleurs, la promesse de la joie future — par laquelle la vierge ranimait sans cesse notre zèle — nous rendit si gais que nous ne prenions en mauvaise part aucun travail et aucune incommodité. Je certifierai aussi que mes illustres compagnons ne songèrent à aucun moment à leur cuisine ou à leur table ; mais ils étaient tout à la joie de pouvoir assister à une physique si extraordinaire et méditer ainsi sur la sagesse et la toute-puissance du Créateur.

Après le repas nous nous préparâmes de nouveau au travail, car la sphère s'était suffisamment refroidie. Nous dûmes la détacher de sa chaîne, ce qui nous coûta beaucoup de peine et de travail, et la poser par terre.

Nous discutâmes ensuite sur la manière de la diviser, car on nous avait ordonné de la couper en deux par le milieu ; enfin un diamant pointu fit le plus gros de cette besogne.

Quand nous eûmes ouvert ainsi la sphère, nous vîmes qu'elle ne contenait plus rien de rouge, mais seulement un grand et bel oeuf, blanc comme la neige. Nous étions au comble de la joie en constatant qu'il était réussi à souhait ; car la vierge appréhendait que la coque ne fût trop molle encore. Nous étions là autour de l'oeuf, aussi joyeux que si nous l'avions pondu nous-mêmes. Mais la vierge le fit bientôt enlever, puis elle nous quitta également et ferma la porte comme toujours. Je ne sais ce qu'elle a fait de l'oeuf après son départ ; j'ignore si elle lui a fait subir une opération secrète, cependant je ne le crois pas.

Nous dûmes donc nous reposer de nouveau pendant un quart d'heure, jusqu'à ce qu'une troisième ouverture nous livrât passage et nous parvînmes ainsi au quatrième étage à l'aide de nos outils.

Dans cette salle nous vîmes une grande chaudière en cuivre remplie de sable jaune, chauffée par un méchant petit feu. L'oeuf y fut enterré afin d'y achever de mûrir. Cette chaudière était carrée ; sur l'un de ses côtés, les deux vers suivants étaient gravés en grandes lettres :

O . BLI . TO . BIT . MI . LI .
KANT . I . VOLT . BIT . TO . GOLT .

Sur le deuxième côté on lisait ces mots :

SANITAS . NIX . HASTA .

Le troisième côté portait ce seul mot :

F. I .A . T.

Mais sur la face postérieure il y avait toute l'inscription suivante :

CE QUI EST :
Le Feu, l'Air, l'Eau, la Terre :
AUX SAINTES CENDRES
DE NOS ROIS ET DE NOS REINES,
Ils ne pourront l'arracher.
LA TOURBE FIDÈLE OU CHYMIQUE
DANS CETTE URNE EST CONTENUE
Aô.[46]

Je laisse aux savants le soin de chercher si ces inscriptions étaient relatives au sable ou à l'oeuf ; je me contente d'accomplir ma tâche en n'omettant rien.

L'incubation se termina ainsi et l'oeuf fut déterré. Il ne fut pas nécessaire d'en percer la coque car l'oiseau se libéra bientôt lui-même et prit joyeusement ses ébats ; mais il était tout saignant et difforme. Nous le posâmes d'abord sur le sable chaud, puis la vierge nous pria de l'attacher avant qu'on ne lui donnât des aliments ; sinon nous aurions bien des tracas. Ainsi fut fait. On lui apporta alors sa nourriture qui n'était pas autre chose que le sang des décapités dilué avec de l'eau préparée. L'oiseau crût alors si rapidement sous nos yeux que

---

46   *Quod : Ignis, Aer, Aqua, Terra Sancti Regum et Reginarum nostrum cineribus, erripere non potuerunt. Fidelis chymicorum Turba in hanc urnam contulit. Aô.*

nous comprîmes fort bien pourquoi la vierge nous avait mis en garde. Il mordait et griffait rageusement autour de lui et s'il avait pu s'emparer de l'un de nous, il en serait bientôt venu à bout. Comme l'oiseau — noir comme les ténèbres — était plein de fureur, on lui apporta un autre aliment, peut-être le sang d'une autre personne royale. Alors ses plumes noires tombèrent et des plumes blanches comme la neige poussèrent à leur place ; en même temps l'oiseau s'apprivoisa un peu et se laissa approcher plus facilement ; toutefois nous le regardions encore avec méfiance. Par le troisième aliment ses plumes se couvrirent de couleurs si éclatantes que je n'en ai vu de plus belles ma vie durant, et il se familiarisa tellement et se montra si doux envers nous que nous le délivrâmes de ses liens, avec l'assentiment de la vierge.

« Maintenant », dit la vierge, « comme la vie et la plus grande perfection ont été donnés à l'oiseau, grâce à votre application, il sied qu'avec le consentement de notre vieillard nous fêtions joyeusement cet événement ».

Puis elle ordonna de servir le repas et nous invita à nous réconforter parce que la partie la plus délicate et la plus difficile de l'œuvre était terminée et que nous pouvions commencer, à juste titre, à goûter la jouissance du travail accompli.

Mais nous portions encore nos vêtements de deuil, ce qui, dans cette joie, paraissait un peu ridicule ; aussi nous nous mîmes à rire les uns des autres.

Cependant la vierge ne cessa de nous questionner, peut-être pour découvrir ceux qui pourraient lui être utiles pour l'accomplissement de ses projets. L'opération qui la tourmentait le plus était la fusion ; et elle fut bien aise quand elle sut que l'un de nous avait acquis les tours de mains que possèdent les artistes.

Le repas ne dura pas plus de trois quarts d'heure ; et encore nous en passâmes la majeure partie avec notre oiseau qu'il fallait alimenter sans arrêt. Mais maintenant il atteignait son développement complet.

On ne nous permit pas de faire une longue sieste après notre repas ; la vierge sortit avec l'oiseau, et la cinquième salle nous fut ouverte ; nous y montâmes comme précédemment et nous nous apprêtâmes au travail.

On avait préparé un bain pour notre oiseau dans cette salle ; ce bain fut teint avec une poudre blanche de sorte qu'il prit l'aspect du lait. Tout d'abord il était froid et l'oiseau qu'on y plongea s'y trouva à son aise, en but, et prit ses ébats. Mais quand, la chaleur des lampes commença à faire tiédir le bain, nous eûmes beaucoup de peine à y maintenir l'oiseau. Nous posâmes donc un couvercle sur la chaudière et nous laissâmes passer sa tête par un trou. L'oiseau perdit toutes ses plumes dans le bain de sorte qu'il eut la peau aussi lisse qu'un homme ; mais la chaleur ne lui causa pas d'autre dommage. Chose étonnante, les plumes se dissolvèrent entièrement dans ce bain et le teignirent en bleu. Enfin nous laissâmes l'oiseau s'échapper de la chaudière ; il était si lisse et si brillant qu'il faisait plaisir à voir ; mais comme il était un peu farouche nous dûmes lui passer un collier avec une chaîne autour du cou ; puis nous le promenâmes ça et là dans la salle. Pendant ce temps on alluma un grand feu sous la chaudière et le bain fut évaporé jusqu'à siccité, de sorte qu'il resta une matière bleue ; nous dûmes la détacher de la chaudière, la concasser, la pulvériser et la préparer sur une pierre ; puis cette peinture fut appliquée sur toute la peau de l'oiseau. Alors ce dernier prit un aspect plus singulier encore ; car, à part la tête qui resta blanche, il était entièrement bleu.

C'est ainsi qu'à cet étage notre travail prit fin et nous fûmes appelés par une ouverture dans la voûte au sixième étage, après que la vierge nous eût quittés, avec son oiseau bleu ; et nous y montâmes.

Là nous assistâmes à un spectacle attristant. On plaça, au centre de la salle, un petit autel semblable en tous points à celui que nous avions vu dans la salle du Roi ; les six objets que j'ai déjà décrits se trouvaient sur cet autel et l'oiseau lui-même formait le septième. On présenta d'abord la petite fontaine à l'oiseau qui s'y désaltéra ; ensuite il aperçut le serpent blanc et le mordit de manière à le faire saigner. Nous dûmes recueillir ce sang dans une coupe en or et le verser dans la gorge de l'oiseau qui se débattait fortement ; puis nous introduisîmes la tête du serpent dans la fontaine, ce qui lui rendit la vie ; il rampa aussitôt dans sa tête de mort et je ne le revis plus pendant longtemps. Pendant ces événements, la sphère continuait à accomplir ses révolutions, jusqu'à ce que la conjonction désirée eût lieu ; aussitôt la petite horloge sonna un coup. Puis la deuxième conjonction eut lieu et la clochette sonna deux coups. Enfin quand la troisième conjonction fut observée par nous et signalée par la clochette, l'oiseau posa lui-même son col sur le livre et se laissa décapiter humblement, sans résistance, par celui de nous qui avait été désigné à cet effet par le sort. Cependant il ne coula pas une seule goutte de sang jusqu'à ce qu'on lui ouvrit la poitrine. Alors le sang en jaillit frais et clair, telle une fontaine de rubis.

Sa mort nous attrista ; cependant comme nous pensions bien que l'oiseau lui-même ne pouvait être utile à grand-chose, nous en prîmes vite notre parti.

Nous débarrassâmes ensuite le petit autel et nous aidâmes la vierge à incinérer sur l'autel même le corps ainsi que la tablette qui y était suspendue, avec du feu pris à la petite lumière. Cette cendre fut purifiée à plusieurs reprises et conservée avec soin dans une petite boîte en bois de cyprès.

Mais maintenant je dois relater l'incident qui m'arriva ainsi qu'à trois de mes compagnons. Quand nous eûmes recueilli la cendre très soigneusement, la vierge prit la parole comme suit :

« Chers seigneurs, nous sommes dans la sixième salle et nous n'en avons plus qu'une seule au-dessus de nous. Là, nous toucherons au terme de nos peines et nous pourrons songer à votre retour au château pour ressusciter nos très gracieux Seigneurs et Dames. J'aurais désiré que tous ici présents se fussent comportés de manière à ce que je pusse proclamer leurs mérites et obtenir pour eux une digne récompense auprès de nos Très Hauts Roi et Reine.

Mais comme, contre mon gré, j'ai reconnu que parmi vous ces quatre — et elle me désigna avec trois autres — sont des opérateurs paresseux et que, dans mon amour pour tous, je ne demande cependant point à les désigner pour leur punition bien méritée, je voudrais cependant, afin qu'une telle paresse ne demeurât point impunie, ordonner ceci : Seuls ils seront exclus de la septième opération, la plus admirable de toutes ; par contre on ne les exposera à aucune autre punition plus tard, quand nous serons en face de Sa Majesté Royale ». Que l'on songe dans quel état me mit ce discours ! La vierge parla avec une telle gravité que les larmes inondaient nos visages et que nous nous considérions comme les plus infortunés des hommes. Puis la vierge fit appeler les musiciens par l'une des servantes, qui l'accompagnaient toujours en nombre, et on nous mit à la porte en musique au milieu d'un tel éclat de rire que les musiciens eurent de la peine à souffler dans leurs instruments tant ils étaient secoués par le rire. Et ce qui nous affligea particulièrement, ce fut de voir la vierge se moquer de nos pleurs, de notre colère et de notre indignation ; en outre, quelques-uns de nos compagnons se réjouissaient certainement de notre malheur.

Mais la suite fut bien inattendue ; car à peine eûmes-nous franchi la porte, que les musiciens nous invitèrent à cesser nos pleurs et à les suivre gaiement par l'escalier ; ils nous conduisirent sous les combles, au-dessus du septième étage.

Là nous retrouvâmes le vieillard, que nous n'avions pas vu depuis le matin, se tenant debout devant une petite lucarne ronde. Il nous accueillit amicalement et nous félicita de tout coeur d'avoir été élu par la vierge ; mais il faillit mourir de rire quand il sut qu'elle avait été notre désolation au moment d'atteindre un tel bonheur.

« Apprenez donc par cela mes chers fils », dit-il, « *que l'homme ne connaît jamais la bonté que Dieu lui prodigue* ».

Nous nous entretenions ainsi quand la vierge vint en courant avec le petit coffret ; après s'être moquée de nous, elle vida ses cendres dans un autre coffret et remplit le sien avec une matière différente en nous disant qu'elle était obligée de mystifier maintenant nos compagnons. Elle nous exhorta à obéir au vieillard en tout ce qu'il nous commanderait et à ne pas faiblir dans notre zèle. Puis elle retourna dans la septième salle, où elle appela nos compagnons. J'ignore le début de l'opération qu'elle fit avec eux ; car, non seulement on leur avait défendu d'une manière absolue d'en parler, mais nous ne pouvions les observer des combles à cause de nos occupations.

Or voici quel fut notre travail. Il fallut humecter d'abord les cendres avec l'eau que nous avions préparée auparavant, de manière à en faire une pâte claire ; puis nous plaçâmes la matière sur le feu jusqu'à ce qu'elle fût très chaude. Alors nous la vidâmes toute chaude dans deux petits moules qu'ensuite nous laissâmes refroidir un peu.

Nous eûmes donc le loisir de regarder un instant nos compagnons à travers quelques fissures pratiquées à cet effet ; ils étaient affairés autour d'un fourneau et chacun soufflait dans le feu avec un tuyau. Les voici donc réunis autour du brasier, soufflant à perdre baleine, bien convaincus qu'ils étaient mieux partagés que nous ; et ils soufflaient encore quand notre vieillard nous rappela au travail, de sorte que je ne puis dire ce qu'ils firent ensuite.

Nous ouvrîmes les petites formes et nous y aperçûmes deux belles figurines presque transparentes, comme les yeux humains n'en ont jamais vues. C'étaient un garçonnet et une fillette. Chacune n'avait que quatre pouces de long; ce qui m'étonna outre mesure, c'est qu'elles n'étaient pas dures, mais en chair molle comme les autres hommes. Cependant elles n'avaient point de vie, si bien qu'à ce moment j'étais convaincu que dame Vénus avait été également faite ainsi.

Nous posâmes ces adorables enfants sur deux petits coussins en satin et nous ne cessâmes de les regarder sans pouvoir nous détacher de ce gracieux spectacle. Mais le vieillard nous rappela à la réalité; il nous remit le sang de l'oiseau recueilli dans la petite coupe en or et nous ordonna de le laisser tomber goutte à goutte et sans interruption dans la bouche des figurines. Celles-ci grandirent dès lors à vue d'oeil, et ces petites merveilles embellirent encore en proportion de leur croissance. Je souhaitai que tous les peintres eussent été là pour rougir de leurs œuvres devant cette création de la nature.

Mais maintenant elles grandirent tellement qu'il fallut les enlever des coussins et les coucher sur une longue table garnie de velours blanc; puis le vieillard nous ordonna de les couvrir jusqu'au-dessus de la poitrine d'un taffetas double et blanc, très doux; ce que nous fîmes à regret, à cause de leur indicible beauté.

Enfin, abrégeons; avant que nous leur eussions donné tout le sang, elles avaient atteint la grandeur d'adultes; elles avaient des cheveux frisés blonds comme de l'or et, comparée à elles, l'image de Vénus que j'avais vue auparavant, était bien peu de chose. Cependant on ne percevait encore ni chaleur naturelle ni sensibilité; c'étaient des statues inertes, ayant la coloration naturelle des vivants. Alors le vieillard, craignant de les voir trop grandir, fit cesser leur alimentation; puis il leur couvrit le visage avec le drap et fit disposer des torches tout autour de la table.

— Ici je dois mettre le lecteur en garde, afin qu'il ne considère point ces lumières comme indispensables, car l'intention du vieillard était d'y attirer notre attention pour que la descente des âmes passât inaperçue. De fait, aucun de nous ne l'aurait remarquée, si je n'avais pas vu les flammes deux fois auparavant; cependant je ne détrompai pas mes compagnons et je laissai ignorer au vieillard que j'en savais plus long.

Alors le vieillard nous fit prendre place sur un banc devant la table et bientôt la vierge arriva avec ses musiciens. Elle apporta deux beaux vêtements blancs, comme je n'en avais jamais vus dans le château et qui défient toute description; en effet, ils me semblaient être en pur cristal et, néanmoins, ils étaient souples et non transparents; il est donc impossible de les décrire autrement. Elle posa les vêtements sur une table et, après avoir rangé ses vierges autour du banc, elle commença la cérémonie assistée du vieillard et cela encore n'eut lieu que pour nous égarer.

Le toit sous lequel se passèrent tous ces événements avait une forme vraiment singulière; à l'intérieur il était formé par sept grandes demi-sphères voûtées, dont la plus haute, celle du centre, était percée à son sommet d'une petite ouverture ronde, qui était obturée à ce moment et qu'aucun de mes compagnons ne remarqua. Après de longues cérémonies, six vierges entrèrent, portant chacune une grande trompette, enveloppée d'une substance verte phosphorescente comme d'une couronne. Le vieillard en prit une, retira quelques lumières du bout de la table et découvrit les visages. Puis il plaça la trompette sur la bouche de l'un des corps, de telle sorte que la partie évasée, tournée vers le haut, vînt juste en face de l'ouverture du toit que je viens de désigner.

À ce moment tous mes compagnons regardaient le corps, tandis que mes préoccupations dirigeaient mes regards vers un tout autre point. Ainsi, lorsqu'on eut enflammé les feuilles ou la couronne entourant la trompette, je vis l'orifice du toit s'ouvrir pour livrer passage à un rayon de feu qui se précipita dans le pavillon et s'élança dans le corps ; l'ouverture se referma aussitôt et la trompette fut enlevée.

Mes compagnons furent trompés par la jonglerie car ils se figuraient que la vie était communiquée aux corps par le feu des couronnes et des feuilles.

Dès que l'âme eut pénétré dans le corps, ce dernier ouvrit et ferma les yeux, mais ne faisait guère d'autres mouvements.

Ensuite une seconde trompette fut appliquée sur sa bouche ; on alluma la couronne et une seconde âme descendit de même ; et cela eut lieu trois fois pour chacun des corps.

Toutes les lumières furent éteintes ensuite et enlevées ; la couverture de velours de la table fut repliée sur les corps et bientôt on étendit et on garnit un lit de voyage. On y porta les corps tout enveloppés, puis on les sortit de la couverture et on les coucha l'un à côté de l'autre. Alors, les rideaux fermés, ils dormirent un long espace de temps.

Il était vraiment temps que la vierge s'occupât des autres artistes ; ceux-ci étaient fort contents car, ainsi que la vierge me le dit plus tard, ils avaient fait de l'or. Certes, cela est aussi une partie de l'art, mais non la plus noble, la plus nécessaire et la meilleure. En effet ils possédaient eux aussi une partie de cette cendre, de sorte qu'ils crurent que l'oiseau n'était destiné qu'à produire de l'or et que c'est par cela que la vie devait être rendue aux décapités.

Quant à nous, nous restions là en silence, en attendant le moment où les époux s'éveilleraient ; il s'écoula environ une demi-heure dans cette attente. Alors le malicieux Cupidon fit son entrée et après nous avoir salués à la ronde, il vola près d'eux sous les rideaux et les agaça jusqu'à ce qu'ils s'éveillassent. Leur étonnement fut grand à leur réveil, car ils pensaient avoir dormi depuis l'heure où ils avaient été décapités. Cupidon les fit connaître l'un à l'autre, puis se retira un instant pour qu'ils pussent se remettre. En attendant il vint jouer avec nous et finalement il fallut lui chercher la musique et montrer de la gaieté.

Bientôt après la vierge revint également ; elle salua respectueusement le jeune Roi et la Reine — qu'elle trouva un peu faibles — leur baisa la main et leur donna les deux beaux vêtements ; ils s'en vêtirent et s'avancèrent. Deux sièges merveilleux étaient prêts à les recevoir ; ils y prirent place et reçurent nos hommages respectueux, pour lesquels le Roi nous remercia lui-même ; puis il daigna nous accorder de nouveau sa grâce.

Comme il était près de cinq heures, les personnes royales ne purent tarder davantage ; on réunit donc à la hâte les objets les plus précieux et nous dûmes conduire les personnes royales par l'escalier, par tous les passages et corps de garde, jusqu'au vaisseau. Ils y prirent place en compagnie de quelques vierges et de Cupidon et s'éloignèrent si vite que nous les perdîmes bientôt de vue ; d'après ce qu'on m'a rapporté, on était venu à leur rencontre avec quelques vaisseaux de sorte qu'ils traversèrent une grande distance sur mer en quatre heures.

Cinq heures étaient sonnés quand on ordonna aux musiciens de recharger les vaisseaux et de se préparer au départ. Mais comme ils étaient un peu lents, le vieux seigneur fit sortir une partie de ses soldats que nous n'avions pas aperçus jusque-là car ils étaient cachés dans l'enceinte. C'est de cette manière que j'appris que cette tour était toujours prête à résister aux attaques. Ces soldats eurent tôt fait d'embarquer nos bagages, de sorte qu'il ne nous restait qu'à songer au repas.

Quand les tables furent dressées, la vierge nous réunit en présence de nos compagnons ; alors il nous fallut prendre un air malheureux et étouffer le rire. Ils chuchotaient tout le temps entre eux ; cependant quelques-uns nous plaignaient. À ce repas le vieux seigneur était des nôtres. C'était un maître sévère ; il n'y eut de parole, si sage tutelle, qu'il ne sût réfuter ou compléter, ou du moins développer pour nous instruire.

C'est auprès de ce seigneur que j'appris le plus de choses et il serait bon que chacun se rendît près de ton pour s'instruire; beaucoup y trouveraient leur avantage.

Après le repas le seigneur nous conduisit d'abord dans ses musées édifiés circulairement sur les bastions; nous y vîmes des créations naturelles fort singulières ainsi que des imitations de la nature produites par l'intelligence humaine; il aurait fallu y passer une année entière pour tout voir.

Nous prolongeâmes cette visite à la lumière, bien avant dans la nuit. Enfin le sommeil l'emporta sur la curiosité et nous fûmes conduits dans nos chambres; nous fûmes étonnés de trouver dans le rempart non seulement de bons lits mais encore des appartements très élégants tandis que nous avions dû nous contenter de si peu la veille. J'allai donc goûter un bon repos et comme j'étais presque sans soucis et fatigué par un travail ininterrompu, le bruissement calme de la mer me procura un sommeil profond et doux que je continuai par un rêve depuis onze heures jusqu'à huit heures du matin.

COMMENTAIRE

Comme nous l'avons déjà laissé pressentir, ce *Sixième Jour* doit correspondre cabalistiquement au couronnement de l'Œuvre, aussi, est-il illustré de la description de curieux travaux. Dès le début, pour aider à leur ascension, les artistes sont munis d'ailes, d'échelles ou de cordes; trois moyens bien différents d'arriver au même but. Le grand Œuvre peut en effet se réaliser suivant des voies différentes, plus ou moins rapides et ceci est une réplique des chemins offerts à notre héros lorsqu'il cherche à parvenir au Palais Solaire. Douze musiciens apportent une fontaine dans laquelle sont enfermés les six corps royaux. La dissolution des cadavres à l'aide des produits séparés la veille, revêt le caractère d'une opération magique. La disposition des Vierges, des servantes, des Musiciens, et des artistes forme à ce moment une figure dont le graphisme n'est pas à négliger ; de même que la boîte contenant la tête du nègre était au milieu du Mausolée décrit dans le simulacre de funérailles du *Cinquième Jour,* de même la retrouvons-nous dans la petite chaudière supérieure d'où elle communique aux eaux une chaleur intense. Ne poussez pas, Lecteurs, le symbolisme au point d'assimiler à la houille cette tête de Nègre qui fournit à une chaudière l'énergie calorifique ! Vous perdriez un temps précieux en confondant le vulgaire charbon avec le noir bourreau ; retenez plutôt la forte densité du liquide très rouge que recueille une vierge dans une sphère d'or creuse. Chacun étant parvenu selon ses moyens et ses mérites au troisième étage de la tour, nous assistons à un procédé solaire de chauffage qui grâce à une heureuse distribution de miroirs permet de concentrer sur la sphère d'or suspendue au centre de la pièce toute l'activité lumineuse et tout le fluide astral que laissent entrer les fenêtres. L'oeuf produit par cette coction ne manque point de surprendre nos artistes, mais son incubation rapide au quatrième étage de la tour, donne naissance à l'oiseau d'Hermès et sans nous attarder à traduire les inscriptions que portent les quatre faces de la chaudière, nous rappelons simplement certain passage du traité alchimique intitulé ; *Le Ciel Terrestre* par Wenceslas Lavinius de Moravie.

« J'habite dans les montagnes et dans la plaine. Je suis père avant que d'être fils. J'ai engendré ma mère et ma mère ou mon père m'a porté dans sa matrice, en m'engendrant sans avoir besoin de nourrice. Je suis Hermaphrodite et j'ai les deux natures. Je suis victorieux sur tous les forts et je suis vaincu par le plus faible, et il ne se trouve rien sous le ciel de si beau ni qui aie une figure si parfaite. Il naît de moi un oiseau admirable qui de ses os qui sont mes os se fait un petit nid, où volant sans ailes, il se revivifie en mourant, et l'Art surpassant les lois de la Nature, il est à la fin changé en un Roi, qui surpasse infiniment en vertu les 6 autres ».

Je crois qu'il n'y a rien à ajouter à cela, le parallélisme avec les opérations des *Noces Chymiques* s'impose. Cet oiseau alimente du sang des *Corpora Regalia* perd ses plumes noires qui sont remplacées par des blanches, « Les petits corbeaux changent de plumes et deviennent des colombes ; L'aigle et le lion se réunissent par un lien indissoluble » — (d'Espagnet, *Arc. Herm. Phil. Op.* Canon 68 et suivants). Nous avons déjà parlé de l'antagonisme du noir et du blanc, lorsque le héros poursuit la colombe à laquelle il émiettait son pain, puis, lors de la représentation offerte aux artistes avant la décapitation, des six personnes royales. Rappelons-nous que le noir et le blanc étant deux extrêmes, ne peuvent s'unir que par un moyen terme. La matière ne devient pas blanche intégralement en quittant la couleur noire la couleur grise se trouve intermédiaire, puisque participant des deux. Par le troisième aliment (entendez le troisième régime), les plumes de l'oiseau se couvrent de couleurs éclatantes. Il est dès lors parfaitement docile, les travaux d'Hercule sont finis. La partie la plus délicate et la plus difficile de l'Œuvre est terminée. Souvenons-nous que notre héros s'est plaint mainte fois depuis son arrivée à la tour de la maigre chère qui lui était offerte pour un labeur ininterrompu. C'est évidemment là ce qui attend tout adepte capable d'arriver jusqu'à cette phase de l'Œuvre, dont Nicolas Flamel dit dans son explication des *Figures Hiéroglyphiques*: « La préparation des agents est une chose difficile sur toute autre au monde ».

Au cinquième étage de la tour on plonge l'oiseau dans un bain blanc comme du lait ; là il perd ses plumes et le bain devient bleu. On évapore à sec pour isoler la matière bleue produite ; celle-ci est appliquée sur la peau de l'oiseau qui redevient bleu « sauf la tête qui reste blanche » ; l'absence de plumes caractérise la fixation du volatil, c'est pourquoi j'insiste sur le fait que la tête reste blanche.

Au sixième étage, nous retrouvons les six objets rituels déjà vus dans la salle du Roi, et après trois conjonctions célestes signalées par les mouvements de la sphère céleste, et de l'horloge, l'Oiseau merveilleux posant sa tête sur le livre se laisse décapiter humblement. Son corps est incinéré sur l'autel à l'aide du feu pris à la petite lumière. On conserve ses cendres purifiées dans une boite de cyprès. Que l'attention du lecteur ne se laisse pas détourner ici par l'épisode comique inséré dans ce but.

Les Artistes désignés par ta Vierge, sont admis à contempler le Grand Œuvre intégral, sans s'arrêter à la transmutation des métaux et à la production artificielle de l'Or « qui sont une partie de l'art, mais non la plus noble, la plus nécessaire et la meilleure ». Nous devons reconnaître la profonde justesse des paroles du Vieillard qui les recueille : « L'homme ne reconnaît jamais la bonté que Dieu lui prodigue ».

Au septième étage, les artistes dupés par la Vierge, opèrent des transmutations, mais les élus les contemplent depuis les combles, tout en travaillant à la résurrection du Roi et de la Reine. Cette résurrection prend toute sa signification vraie si on relit le passage où on nous montre les Artistes soufflant à perdre baleine sur un brasier ; ils ne sont en effet que des souffleurs par rapport aux alchimistes admis à coopérer aux miracles de la Palingénésie. De même qu'ils avaient nourri l'Oiseau du sang de personnes royales ; de même on nourrira de son sang les deux figurines fabriquées avec sa cendre, et ceci n'est pas sans mystère. Lorsque les corps inertes ainsi fabriqués atteignent les proportions harmonieuses qui en font un objet d'admiration pour notre héros, on suspend leur alimentation pour procéder à leur animation ; mais cette animation s'entend au sens propre du Mot : *anima,* âme, fixation de l'âme sur le support matériel ou écorce fabriqué par les artistes. Cette cérémonie purement magique doit retenir l'attention du lecteur par les singularités qu'elle offre. La salle où elle se déroule présente une architecture curieuse : sept demi-sphères dont celle placée au centre est percée d'une ouverture ronde, (les six autres étant vraisemblablement disposées autour d'elle suivant le mode hexagonal). Six vierges apportent chacune une trompette, et chacun des deux corps reçoit trois âmes par l'intermédiaire de trois trompettes appliquées sur sa bouche. Ces âmes descendent sous forme de rayon de feu, par l'ouverture ronde du sommet de la Tour. Ce fait que l'Auteur mentionne sans appuyer mérite d'être médité par les curieux de Science. Les astrologues se souviendront qu'au moment de la mort, les influences planétaires acquises au moment de la naissance retournent aux planètes qui leur avaient donné naissance, mais les Alchimistes verront là la judicieuse utilisation du fourneau des Sages. Le reste du récit ne mérite pas de mention spéciale, et je n'en dirai pas plus avant aujourd'hui sur le Commentaire du *Sixième Jour.*

SEPTIÈME JOUR

I l était plus de huit heures quand je m'éveillai. Je m'habillai donc rapidement pour rentrer dans la tour, mais les chemins se croisaient en si grand nombre dans le rempart que je m'égarai pendant assez longtemps avant d'avoir trouvé une issue. Le même désagrément arriva à d'autres ; pourtant nous finîmes par nous retrouver dans la salle inférieure. Nous reçûmes alors nos Toisons d'or et nous fûmes vêtus d'habits entièrement jaunes. Alors la vierge nous apprit que nous étions Chevaliers de la *Pierre d'Or,* chose que nous avions ignorée jusque-là.

Ainsi parés nous déjeunâmes ; puis le vieillard remit à chacun une médaille en or. Sur l'endroit on voyait ces mots :

AR . NAT . MI. [47]

Au revers :

TEM . NA . F. [48]

---

47 *Ars naturae ministra :* L'art est le ministre de la nature.
48 *Temporis natura filia :* La nature est fille du temps.

Il nous engagea à ne jamais agir au-delà et contrairement à l'instruction de cette médaille commémorative.

Nous partîmes alors par delà les mers. Or, nos vaisseaux étaient parés admirablement ; à les voir il semblait certain que toutes les belles choses que nous voyions ici nous avaient été envoyées.

Les vaisseaux étaient au nombre de douze, dont six des nôtres, les six autres appartenant au vieillard. Ce dernier remplit ses vaisseaux de soldats de belle prestance puis il prit place dans le nôtre où nous étions tous réunis. Les musiciens, dont le vieux seigneur possédait un grand nombre, vinrent en tête de notre flottille pour nous distraire. Les pavillons battaient les douze signes célestes ; le nôtre portait l'emblème de la Balance. Entre autres merveilles, notre vaisseau contenait une horloge d'une beauté admirable qui marquait toutes les minutes.

La mer était d'un calme si parfait que notre voyage était un véritable agrément ; mais l'attrait principal était la causerie du vieillard. Il savait nous charmer avec des histoires singulières au point que je voyagerais avec lui ma vie durant.

Cependant les vaisseaux s'avançaient avec une rapidité inouïe ; nous n'avions pas navigué pendant deux heures que le capitaine nous avertit qu'il apercevait des vaisseaux en tel nombre que le lac entier en était presque couvert. Nous en conclûmes qu'on venait à notre rencontre et il en était ainsi ; car dès que nous fûmes entrés dans le lac par le canal déjà nommé, nous aperçûmes environ cinq cents vaisseaux. L'un d'eux étincelait d'or et de pierreries ; il portait le Roi et la

Reine ainsi que d'autres seigneurs, dames et demoiselles de haute naissance.

Dès que nous fûmes à proximité, on tira les batteries des deux côtés, et le son des trompettes et des tambours fit un tel vacarme que les navires en tremblèrent. Enfin quand nous les eûmes rejoints, ils entourèrent nos vaisseaux et stoppèrent.

Aussitôt le vieil Atlas se présenta au nom du Roi et nous paria brièvement mais avec élégance ; il nous souhaita la bienvenue et demanda si le cadeau royal était prêt.

Certains de mes compagnons étaient grandement surpris d'apprendre que le Roi était ressuscité, car ils étaient persuadés que c'étaient eux qui devaient le réveiller. Nous les laissions à leur étonnement, en faisant semblant de trouver le fait également très étrange.

Après Atlas, notre vieillard prit la parole et répondit un peu plus longuement ; il fit des voeux pour le bonheur et la prospérité du Roi et de la Reine et remit ensuite un petit coffret précieux. J'ignore ce qu'il contenait, mais je vis qu'on le confia à la garde de Cupidon qui jouait entre eux deux.

Après ce discours on tira une nouvelle salve et nous continuâmes à naviguer de conserve assez longtemps et nous parvînmes enfin au rivage. Nous étions près du premier portail par lequel j'étais entré tout d'abord. À cet endroit un grand nombre de serviteurs du Roi nous attendaient avec quelques centaines de chevaux.

Dès que nous fûmes à terre, le Roi et la Reine nous tendirent très amicalement la main et nous dûmes tous monter à cheval.

— Ici je voudrais prier le lecteur de ne pas attribuer le récit suivant à mon orgueil ou au désir de me glorifier ; mais qu'il soit persuadé que je tairais volontiers les honneurs que je reçus s'il n'était indispensable de les relater.

On nous distribua donc tous, à tour de rôle, entre les divers seigneurs. Mais notre vieillard et moi, indigne, nous dûmes chevaucher aux côtés du Roi en portant une bannière blanche comme la neige avec une croix rouge. J'avais obtenu cette place à cause de mon grand âge, car, tous deux, nous avions de longues barbes blanches et les cheveux gris. Or, j'avais attaché mes insignes autour de mon chapeau ; le jeune Roi les remarqua bientôt et me demanda si c'était moi qui avait pu résoudre les signes gravés sur le portail. Je répondis affirmativement avec les marques d'un profond respect. Alors il rit de moi et me dit que dorénavant il n'était nullement besoin de cérémonies : *que j'étais son père.* Puis il me demanda de quelle manière je les avais dégagés ; je répondis : « Avec de l'eau et du sel ». Alors il fut étonné que je fusse si fin. M'enhardissant je lui racontai mon aventure avec le pain, la colombe et le corbeau ; il m'écouta avec bienveillance et m'assura que c'était la preuve que Dieu m'avait destiné à un bonheur particulier.

Tout en cheminant nous arrivâmes au premier portail ; alors le gardien vêtu de bleu se présenta. Dès qu'il me vit près du Roi il me tendit une supplique et me pria respectueusement de me souvenir de l'amitié qu'il m'avait témoignée, maintenant que j'étais auprès du Roi. Je questionnai d'abord le Roi au sujet de ce gardien ; il me répondit amicalement que c'était un astrologue célèbre et éminent qui avait toujours été en haute considération auprès du Seigneur son père. Or il était advenu que le gardien avait agi contre dame Vénus, l'ayant surprise et contemplée dans son lit de repos ; pour sa punition il avait été détaché comme gardien à la première porte jusqu'à ce que quelqu'un le délivrât. Je demandai si cela pouvait se faire et le Roi répondit :

« Oui ; si l'on découvre quelqu'un qui ait commis un péché aussi grand que le sien, il sera placé comme gardien à la porte et l'autre sera délivré ».

Ces mots me troublèrent profondément, car ma conscience me montra bien que j'étais moi-même ce malfaiteur ; cependant je me tus et je transmis la supplique. Dès que le Roi en eut pris connaissance il eut un mouvement d'effroi tellement violent que la Reine qui chevauchait derrière nous en compagnie de ses vierges et de l'autre reine — que nous avions vue lors de la suspension des poids, — s'en aperçut et le questionna sur cette lettre. Il ne voulut rien dire mais il serra la lettre sur lui et parla d'autre chose jusqu'à ce que nous fussions parvenus dans la cour du château ; ce qui eut lieu à trois heures. Là nous descendîmes de cheval et nous accompagnâmes le Roi dans la salle que j'ai déjà dépeinte.

Aussitôt le Roi se retira avec Atlas dans un cabinet et lui fit lire la supplique. Alors Atlas monta à cheval sans tarder afin de compléter ses renseignements près du gardien. Puis le Roi s'assit sur son trône ; son épouse et d'autres seigneurs, daines et demoiselles l'imitèrent. Alors notre vierge fit l'éloge de notre application, de nos peines et de nos œuvres, et pria le

Roi et la Reine de nous récompenser royalement, ainsi que de la laisser jouir à l'avenir des fruits de sa mission. Le vieillard se leva à son tour et certifia l'exactitude des dires de la vierge ; il affirma qu'il serait juste que l'on donnât satisfaction aux deux demandes. Nous dûmes nous retirer pendant un instant et l'on décida d'accorder à chacun le droit de faire un souhait qui serait exaucé s'il était réalisable, car l'on prévoyait avec certitude que le plus sage ferait le souhait qui lui serait le plus profitable, et on nous invita à méditer sur ce sujet jusqu'après le repas.

Ensuite le Roi et la Reine décidèrent de se distraire en jouant. Le jeu était semblable aux échecs, mais se jouait selon d'autres règles. Les vertus étaient rangées d'un côté, les vices de l'autre, et les mouvements montraient exactement par quelles pratiques les vices tendent des pièges aux vertus et comment il faut les combattre ; il serait à souhaiter que nous eussions également un jeu semblable.

Sur ces entrefaites, Atlas revint et rendit compte de sa mission à voix basse. Le rouge me monta alors au visage car ma conscience ne me laissait pas en repos. Le Roi me tendit lui-même la supplique et me la fit lire ; elle contenait à peu près ce qui suit :

Premièrement, le gardien exprimait au Roi ses souhaits de bonheur et de prospérité avec l'espoir que sa descendance serait nombreuse. Puis il affirmait que le jour était maintenant arrivé où, conformément à la promesse royale, il devait être délivré. Car, d'après ses observations qui ne pouvaient lui mentir, Vénus aurait été découverte et contemplée par un de ses hôtes. Il suppliait Sa Majesté Royale de vouloir bien faire une enquête minutieuse ; Elle constaterait ainsi que sa découverte était vraie, sinon il s'engageait à rester définitivement à la porte, sa vie durant. Il priait par conséquent très respectueusement Sa Majesté de lui permettre d'assister au banquet au risque de sa vie, car il espérait ainsi découvrir le malfaiteur et parvenir à la délivrance tant désirée.

Tout cela était exposé longuement et avec un art parfait. J'étais vraiment bien placé pour apprécier à sa juste valeur la perspicacité du gardien, mais elle était pénible pour moi et j'aurais préféré l'ignorer à jamais ; cependant je me consolai en pensant que je pourrais peut-être lui venir en aide par mon souhait. Je demandai donc au Roi s'il n'y avait pas d'autre voie pour sa délivrance. « Non », répondit le Roi, « car ces choses ont une gravité toute particulière ; mais nous pouvons accéder à son désir pour cette nuit ». Il le fit donc appeler.

Entre-temps les tables avaient été dressées dans une salle où nous n'avions jamais pris place auparavant ; celle-ci s'appelait le Complet ; elle était parée d'une manière si merveilleuse qu'il m'est impossible d'en commencer seulement la description. On nous y conduisit en grande pompe et avec des cérémonies particulières.

Cette fois-ci Cupidon était absent ; car, ainsi qu'on me l'apprit, l'insulte faite à sa mère l'avait fortement indisposé ; voilà comment à chaque instant mon forfait, entraînant la supplique, fut la cause d'une grande tristesse. Il répugnait au Roi de faire une enquête parmi ses invités ; car elle aurait fait connaître l'événement à ceux qui l'ignoraient encore. Il laissa donc au gardien déjà arrivé le soin d'exercer une surveillance étroite et fit de son mieux pour paraître gai.

On finit cependant par retrouver l'animation et on s'entretint de toutes sortes de sujets agréables et utiles.

Je m'abstiens de rappeler le menu et les cérémonies, car le lecteur n'en a nul besoin et cela n'est pas utile pour notre but. Tout était excellent, au-delà de toute mesure, au-delà de tout art et de toute habileté humaine ; ce n'est pas à la boisson due je songe en écrivant cela. Ce repas fut le dernier et le plus admirable de tous ceux auxquels j'ai pris part.

Après le banquet les tables furent enlevées rapidement et de beaux sièges furent rangés en cercle. De même que le Roi et la Reine, nous y prîmes place auprès du vieillard, des dames et des vierges. Puis un beau page ouvrit l'admirable livre dont j'ai déjà parlé. Atlas se plaça au centre de notre cercle et nous parla comme suit :

Sa Majesté Royale n'avait point oublié nos mérites et l'application avec laquelle nous avions rempli nos fonctions ; pour nous récompenser, Elle nous avait donc élus tous, sans exception. *Chevaliers de la Pierre d'Or.* Il serait donc indispensable non seulement de prêter serment encore une fois à Sa Majesté Royale, mais encore de nous engager à observer les articles suivants. Ainsi, Sa Majesté Royale pourrait décider de nouveau comment Elle devra se comporter vis-à-vis de ses alliés.

Puis Atlas fit lire par le page les articles que voici :

I

Seigneurs Chevaliers, vous devez jurer de n'assujettir votre Ordre à aucun diable ou esprit, mais de le placer constamment sous la seule garde de Dieu, votre créateur, et de sa servante, la Nature.

II

Vous répudierez toute prostitution, débauche et impureté et ne salirez point votre Ordre par ces vices.

III

Vous aiderez par vos dons tous ceux qui en seront dignes, et en auront besoin.

IV

Vous n'aurez jamais le désir de vous servir de l'honneur d'appartenir à l'Ordre pour obtenir le luxe et la considération mondaine.

V

Vous ne vivrez pas plus longtemps que Dieu ne le désire.

Ce dernier article nous fit rire longuement et sans doute l'a-t-on ajouté pour cela. Quoiqu'il en soit nous dûmes prêter serment sur le sceptre du Roi.

Ensuite nous fûmes reçus Chevaliers avec la solennité d'usage ; on nous accorda, avec d'autres privilèges, le pouvoir d'agir à notre gré sur *l'ignorance,* la *pauvreté* et la *maladie.* Ces privilèges nous furent confirmés ensuite dans une petite chapelle où l'on nous conduisit en procession. Nous y rendîmes grâce à Dieu et j'y suspendis ma Toison d'or et mon chapeau, pour la gloire de Dieu ; je les y laissai en commémoration éternelle. Et comme l'on demanda la signature de chacun j'écrivis :

La Haute Science est de ne rien savoir.
Frère CHRISTIAN ROSENCREUTZ,
Chevalier de la Pierre d'Or :
Année 1459. [49]

Mes compagnons écrivirent différemment, chacun à sa convenance.

Puis nous fûmes reconduits dans la salle où l'on nous invita à prendre des sièges et à décider vivement les souhaits que nous voudrions faire. Le Roi et les siens s'étaient retirés dans le cabinet ; puis chacun y fut appelé pour y formuler son souhait, de sorte que j'ignore les voeux de mes compagnons.

En ce qui me concerne, je pensais qu'il n'y aurait rien de plus louable que de faire honneur à mon Ordre en faisant preuve d'une vertu ; il me semblait aussi qu'aucune ne fut jamais plus glorieuse que la *reconnaissance*. Malgré que j'eusse pu souhaiter quelque chose de plus agréable, je me surmontai donc et je résolus de délivrer mon bienfaiteur, le gardien, fût-ce à mon péril. Or, quand je fus entré, on me

---

49   *Summa Scientia nihil scire. Fr.* CHRISTIANUS ROSENCREUTZ, *Eques aurei Lapidis. Anno* 1459.

demanda d'abord si je n'avais pas reconnu ou soupçonné le malfaiteur, étant donné que j'avais lu la supplique. Alors, sans nulle crainte, je fis le récit détaillé des événements et comment j'avais péché par ignorance ; je me déclarai prêt à subir la peine que j'avais méritée ainsi.

Le Roi et les autres seigneurs furent très étonnés de cette confession inattendue ; ils me prièrent de me retirer un instant. Dès que l'on m'eut rappelé, Atlas m'informa que Sa Majesté Royale était très peinée de me voir dans cette infortune, moi, qu'Elle aimait par-dessus tous ; mais qu'il Lui était impossible de transgresser Sa vieille coutume et Elle ne voyait donc d'autre solution que de délivrer le gardien et de me transmettre sa charge, tout en désirant qu'un autre fût bientôt pris afin que je pusse rentrer. Cependant on ne pouvait espérer aucune délivrance avant les fêtes nuptiales de son fils à venir.

Accablé par cette sentence, je maudissais ma bouche bavarde de n'avoir pu taire ces événements ; enfin, je parvins à ressaisir mon courage et, résigné à l'inévitable, je relatai comment ce gardien m'avait donné un insigne et recommandé au gardien suivant ; que, grâce à leur aide, j'avais pu subir l'épreuve de la balance et participer ainsi à tous les honneurs et à toutes les joies ; qu'il avait donc été juste de me montrer reconnaissant envers mon bienfaiteur et que je les remerciais pour la sentence, puisqu'elle ne pouvait être différente. Je ferais d'ailleurs volontiers une besogne désagréable en signe de gratitude envers celui qui m'avait aidé à toucher au but. Mais, comme il me restait un souhait à formuler, je souhaitai de rentrer; de cette manière, j'aurais délivré le gardien et mon souhait m'aurait délivré à mon tour.

On me répondit que ce souhait n'était pas réalisable, sinon, je n'aurais eu qu'à souhaiter la délivrance du gardien. Toutefois Sa Majesté Royale était satisfaite de constater que j'avais arrangé cela adroitement; mais Elle craignait que j'ignorasse encore dans quelle misérable condition mon audace m'avait placé.

Alors le brave homme fut délivré et je dus me retirer tristement. Ensuite mes compagnons furent appelés également et revinrent tous pleins de joie, ce qui m'affligea encore plus; car j'étais persuadé que je terminerais mes jours sous la porte. Je réfléchissais aussi sur les occupations qui m'aideraient à y passer le temps; enfin, je songeais, que, vu mon grand âge, je n'avais que peu d'années à vivre encore, que le chagrin et la mélancolie m'achèveraient à bref délai et que de cette manière ma garde prendrait fin; que, bientôt je pourrais goûter un sommeil bienheureux dans la tombe.

J'agitais beaucoup de pensées de cette nature; tantôt je m'irritais en pensant aux belles choses que j'avais vues et dont je serais privé; tantôt je me réjouissais d'avoir pu participer, malgré tout, à toutes ces joies, avant ma fin et de ne pas avoir été chassé honteusement. Tel fut le dernier coup qui me frappa; ce fut le plus fort et le plus sensible.

Tandis que j'étais plongé dans mes préoccupations, le dernier de mes compagnons revint du cabinet du Roi; ils souhaitèrent alors une bonne nuit au Roi et aux seigneurs et furent conduits dans leurs appartements.

Mais moi, malheureux, je n'avais personne pour m'accompagner ; même on se moquait de moi et l'on me mit au doigt la bague que le gardien avait portée auparavant, afin que je fusse bien convaincu que sa fonction m'était échue. Enfin, puisque je ne devais plus le revoir sous sa forme actuelle, le Roi m'exhorta à me conformer à ma vocation et à ne pas agir contre mon Ordre. Puis il m'embrassa et me baisa, de sorte que je crus comprendre que je devais prendre la garde dès le lendemain.

Pourtant, quand ils m'eurent adressé tous quelques
Paroles amicales et tendu la main, en me
recommandant à la protection de Dieu,
je fus conduit par les deux vieillards, le
seigneur de la tour et Atlas, dans
un logement merveilleux ; là,
trois lits nous attendaient et
nous nous reposâmes. Nous
passâmes encore presque
deux .....

....

...

— Ici il manque environ deux feuillets in-4° ; croyant être gardien à la perte le lendemain, il (l'*Auteur de ceci*) est rentré chez lui.

COMMENTAIRE

Ce *Septième* et *dernier Jour*, les Élus sont vêtus d'habits entièrement jaunes, et la Vierge leur apprend qu'ils sont Chevaliers de la Pierre d'Or. Les signes que porte la médaille d'or peuvent s'interpréter : *Ars Naturae ministra* et *Temporis Natura Filia*, l'Art est administré par la Nature, et, La Nature est fille du Temps.

Les vaisseaux, au retour de la tour de l'Olympe sont au nombre de douze, les douze pavillons battant les douze signes célestes. L'emblème de la Balance flotte au mât de celui qui emporte notre héros. Cette Balance, huitième arcane du Tarot, symbole de l'équilibre parfait, est aussi le septième signe du Zodiaque, domicile astrologique de Vénus.

Notre héros s'étonne de la place d'honneur qui lui est donnée dans le cortège, lors du débarquement. Il porte aux côtés du Roi une bannière blanche comme neige avec une Croix-Rouge. Dois-je rappeler ici les quelques lignes où j'évoquais la signification occulte de la croix et de la rosette de la Légion d'Honneur ; n'en pourrions-nous point dire autant pour cette croix rouge qui évoque la croix de Genève, le secours aux blessés, l'assistance spagyrique de Chr. Rosencreutz à la résurrection des Souverains... et depuis, ce symbole est resté le même !

Une phrase équivoque du texte, nous présente notre héros comme le Père du Roi, et celui-ci demande de quelle manière il les a dégagés. S'agit-il des liens de la Mort ou des signes du Portail ? la réponse : avec de l'eau et du Sel, nous éclaire mais ne croyez pas, Lecteurs, qu'il s'agit ici d'eau et de sel commun, bien que la mer salée ait engendré toute chose ; ces mots doivent être pris dans leur sens philosophique. Au premier portail, nous retrouvons le gardien vêtu de bleu qui présente une supplique au Roi. Ce gardien qui fut autrefois un Astrologue éminent, fut déchu de son poste à la Cour du Roi pour avoir osé contempler sans voiles Vénus. Ce n'est évidemment pas la contemplation dans une lunette astronomique de l'Étoile que les Hébreux nomment Noga qui lui valut telle disgrâce ! Soulever le Voile d'Isis c'est connaître la partie secrète de la Nature Mère, et la connaître, c'est presque égaler Dieu, car c'est presque toute la Connaissance. *Et eritis sicut Dii*. (Gen. Chap. 3. Vers 5). C'est goûter au fruit de l'arbre de Science, acte qui porte en soi son châtiment. Chr. Rosencreutz est confondu par la réponse du Roi lui disant que le gardien ne peut être délivré que par quelqu'un ayant commis la même faute, et qui prendra sa place. Les calculs astrologiques de ce gardien étaient rigoureusement exacts, puisque par le seul examen de la position des Astres, il avait conclu que pour lui, les temps étaient révolus, et qu'un autre homme avait à son tour découvert Vénus. Ce gardien du premier seuil est le conservateur de la tradition occulte, qui veille jalousement et sans cesse sur les trésors que nous ont laissés les anciens collèges de Mages. Il serait, téméraire d'en rire car de récents exemples ont pu prouver aux initiés de quelle façon étaient châtiés les bavards qui dévoilaient inconsidérément Isis aux profanes.

Il me revient en mémoire, dans un autre ordre d'idées, certains passages du deuxième chapitre de *L'Apocalypse hermétique,* où le héros de l'œuvre prend rituellement la place d'un gardien ; l'ordre des événements n'est pas le même, mais cependant le gardien libéré découvre aussi une jeune et belle femme nue étendue sur un sopha ; il en est châtié et se retrouve seul dans une salle où un agneau est couché sur un gros livre. Comme il cherche à ouvrir ce livre, un homme noir le trappe au front comme le fit une pierre aiguë pour Christian Rosencreutz au cours de son premier songe.

Les Cinq commandements des Chevaliers de la Pierre d'Or résument les points essentiels de la doctrine des Frères de la Rose-Croix. Du fait que le grade de Chevalier est conféré aux Artistes, ils acquièrent du même coup le pouvoir d'agir à leur gré sur l'ignorance, la pauvreté, la maladie, et c'est en effet là le vrai but du Grand Œuvre. N'est-il pas surprenant de voir un homme arrivé aux suprêmes degrés auxquels peut aspirer la connaissance humaine écrire au-dessus de sa signature : *Summa Scientia nihil scire.* La science suprême est donc la négation de la science ! Comment ne pas se souvenir ici de *La Philosophie occulte* de Henri Corneille-Agrippa que l'auteur répudia dans la suite par le *De Vanitate Scientiarum ?*

La fin de ce *Septième Jour* est confuse et n'a plus d'intérêt direct. Toujours fidèle à ses sentiments d'humilité, notre héros confesse sa faute ; en dépit de son astucieux calcul tendant à faire délivrer le gardien et lui-même, on lui passe au doigt la bague que portait le gardien de la première porte, pour lui conférer ses fonctions et cependant il rentre le lendemain

sain et sauf chez lui après avoir passé la nuit avec le vieil Atlas
et le vieux Seigneur de la Tour. Ainsi se termine le *Septième
Jour* des *Noces Chymiques de Christian Rosencreutz* et aussi nos
commentaires sur ce sujet.

Toutefois, j'éprouve quelques remords, à laisser le lecteur
qui m'a suivi jusqu'au bout sur une fin de chapitre aussi sè-
che, et estimant que nous avons acquis maintenant quelques
droits à épiloguer sur ce texte, je vais lui dispenser quelques
conseils puisés à une expérience personnelle chèrement ac-
quise. Mais avant tout, j'adresse mes voeux sincères de réus-
site à ceux qui, après cette lecture vont s'aventurer sur « La
Voie d'où l'on ne revient jamais ».

Me conformant à la division en sept jours de ces *Noces
Chymiques,* je diviserai également en sept parties les quelques
vérités essentielles que je suis heureux d'énoncer ici, bien que
sub rosa afin d'éviter à mes véritables frères en Hermès des
errements longs et trop souvent ruineux.

1° Ne t'engages sur la voie que si tu possèdes le temps et
l'argent nécessaire pour conduire à bien tes travaux.

2° Si tu as un ami, c'est bien ; si tu es seul, c'est mieux, à
moins que cet ami ne te soit envoyé par la Providence pour te
guider dans ta course philosophique sur la piste où se croisent
tant de différents sentiers et que coupent tant de précipices.

3° Lis peu, et pense beaucoup, et cherche à bien comprendre le sens caché des allégories diverses en les comparant entre elles. Les Auteurs n'ont pas parlé, ou tort peu, des
Travaux d'Hercule par lesquels débute le Magistère, de même
que de la nature de la matière première et de celle du feu

secret des Sages. Il t'appartient de pénétrer seul ces arcanes. Personne au monde ne te les dira en langage clair, car ils sont « incommunicables ».

4° Agis pour les autres comme j'agis pour toi, mais n'entreprends pas le Magistère si ton coeur et tes intentions ne sont pas purs, ce serait courir à ta perte certaine.

5° De même que dans la nature il y a trois règnes, il y a dans notre art trois médecines ou trois degrés différents de la perfection de notre Élixir, mais comme il est écrit dans le *Triomphe hermétique* : « Les opérations des trois œuvres ayant beaucoup d'analogie, les Philosophes en parlent souvent à dessein en termes équivoques et les mélangent pour confondre l'Artiste ignorant. Dans chaque œuvre tu dois dissoudre le corps avec l'esprit, couper la tête au corbeau, blanchir le noir et rougir le blanc « . *Quod ex corvo nascitur, hujus artis est principium,* écrit Hermès dans ses *Sept Chapitres*.

6° L'artiste qui en est arrivé à ce point, peut travailler avec certitude, à condition de garder dans le succès de l'œuvre une toi indéfectible. Qu'il n'oublie pas qu'il y a deux mercures ; le blanc est le bain de la Lune, le rouge celui du Soleil. Ils doivent être nourris d'une chair de leur espèce, le sang des innocents égorgés dont parle Flamel, c'est-à-dire les esprits des corps qui sont le bain ou le Soleil et la Lune se vont baigner. Note bien qu'ils doivent être conservés séparément pour ne point créer de Monstres.

7° Dans le second œuvre, convertis l'eau en terre par une simple cuisson ; le mercure des Sages porte en lui son propre soufre qui le coagule. Puis laisse tomber sur elle la

Rosée du ciel. Tu auras là le vrai mercure et le vrai soufre des Philosophes, le Mâle et la Femelle vivants contenant la semence qui seule peut créer un fils plus illustre que ses parents.

Tout le reste n'est que la répétition des mêmes opérations.

Aie confiance en Dieu, et va.

TABLE DES CHAPITRES

www.ingramcontent.com/pod-product-compliance
Lightning Source LLC
Chambersburg PA
CBHW052038090426
42739CB00010B/1959